乡村振兴之农业知识产权丛书

乡村文化著作权保护与运用

邱宁 编著

中国人事出版社

图书在版编目(CIP)数据

乡村文化著作权保护与运用/邱宁编著. -- 北京：中国人事出版社, 2023

(乡村振兴之农业知识产权丛书)

ISBN 978-7-5129-1889-4

Ⅰ.①乡… Ⅱ.①邱… Ⅲ.①农村文化-著作权法-研究-中国 Ⅳ.①D923.414

中国国家版本馆 CIP 数据核字(2023)第 151252 号

中国人事出版社出版发行

(北京市惠新东街1号　邮政编码：100029)

*

北京市艺辉印刷有限公司印刷装订　　新华书店经销
880 毫米×1230 毫米　32 开本　5.25 印张　128 千字
2023 年 8 月第 1 版　　2023 年 8 月第 1 次印刷

定价：20.00 元

营销中心电话：400-606-6496
出版社网址：http://www.class.com.cn

版权专有　　侵权必究

如有印装差错，请与本社联系调换：(010) 81211666
我社将与版权执法机关配合，大力打击盗印、销售和使用盗版图书活动，敬请广大读者协助举报，经查实将给予举报者奖励。

举报电话：(010) 64954652

前　言

中国经历了几千年的农业社会，创造了辉煌的农耕文明，千年积淀下来的优秀传统文化丰富多彩。习近平总书记指出，我国农耕文明源远流长、博大精深，是中华优秀传统文化的根。文化是中国人的血液和根本，乡村文化是乡村发展与振兴的根本。乡村振兴建设应以发扬乡村文化为根基。《中共中央　国务院关于做好2023年全面推进乡村振兴重点工作的意见》中提出"实施文化产业赋能乡村振兴计划"，强调了文化产业在乡村振兴中的重要作用。加快乡村文化建设，不仅关系到乡村的全面发展，更是推动乡村振兴的一项重要举措。

文化的传承与发展离不开法律的保驾护航。党的二十大为新时代文化产业的繁荣发展描绘了宏伟蓝图，指出了发展方向。著作权作为对文化产业保驾护航的法律之一，加强著作权保护对于繁荣文化产业具有不可替代的重要作用。乡村文化作为中国文化的重要组成部分，同样需要加强著作权保护。在著作权制度的政策导向下，乡村文化相关的作品将不断产出并广泛传播。传统的乡村文化也将获得传承与发展。通过著作权制度对作者权利的保护，可以有效激励农业知识创造，有助于提升作者创作积极性，刺激乡村振兴作品产出，拉动乡村振兴产业的繁荣。

在传统乡村文化的保护、新的乡村文化产出并广泛传播过程中，由于缺乏必要的著作权相关知识储备，权利人面对市场无所适从、面对侵权无法维权的现象屡屡发生。随着城乡结合、乡村开放以及网络生活的无孔不入，著作权相关知识的普及在农村生活中迫在眉睫。

本书从"抖音"短视频平台一些账号封禁说起，介绍什么是著作权，以及著作权法涉及的与乡村文化相关的法律制度。著作权是著作权法赋予作者等著作权人对自己创作的作品享有的专有权利。作品是指文学、艺术和科学领域内具有独创性并能以一定形式表现的智力成果。我国著作权法以列举的方式规定了文字作品、口述作品、音乐、戏剧、曲艺、舞蹈、杂技艺术作品、美术作品、建筑作品、摄影作品、视听作品、计算机软件、工程设计图、产品设计图、地图、示意图等图形作品和模型作品，另外还有民间文学艺术作品。在乡村生活中，可能涉及不同的作品类型，包括音乐作品、美术作品、文字作品、舞蹈作品等，其中最多的是民间文学艺术作品。根据著作权法的规定，这些作品的著作权人享有人身权和财产权两类著作权。其中著作人身权有四项内容，著作财产权有十三项内容。著作人身权中的署名权、修改权、保护作品完整权没有保护期限。著作权人的发表权及财产权保护期限为作者终生及其死亡后50年。那么上述权利应该归属于谁呢？著作权的归属是一个比较复杂的问题，原则上，著作权归属于创作作品的作者，但是在特定情况下，著作权归属于其他著作权人。

除上述内容外，本书还向广大读者介绍了与著作权有关的权利，包括表演者对其表演享有的权利，录音录像制作者对其制作的录音录像制品享有的权利，广播电台、电视台对其播放的广播、电视节目享有的权利。

著作权人可以以许可或者转让的方式将自己的著作权授权给他人行使，由此获得经济利益。在一般情况下，不经过著作权人的许可，擅自使用其作品，就构成了著作权侵权，一旦发生侵权行为，权利人可以通过协商和解、调解、仲裁和诉讼等途径进行维权。但为了维护社会公共利益，一部分对著作权人的利益没有影响或者影响较小的行为，没有被纳入著作权侵权行为当中，被著作权法规定为合理使用。这里的合理使用是指在特定的条件下，法律允许使用人可以不用经过著作权人的许可，也可以不用向著作权人支付报酬的行为。除此之外还有可以不经著作权人的同意，但应按规定支付报酬的情况，就是法定许可。

重庆理工大学知识产权学院丁海军、张静、邱诗淇、陈怡、卢晨雨、范诗韵、彭雨和谢敬八名同学参与了本书的调研、论证等工作，在此表示感谢。

编 者

2023 年 6 月 10 日

目 录

第一章 什么是著作权 /1

第一节 著作权是什么权利 /1
　一、著作权的含义 /1
　二、著作权法 /2
　三、著作权制度的产生与发展 /2

第二节 国家版权局 /4
　一、国家版权局的历史沿革 /4
　二、国家版权局的职责 /4
　三、与农村文化著作权密切相关的职能 /4

第三节 版权与著作权的关系 /5
　一、版权法与著作权法的名称之争 /5
　二、版权与著作权的区别 /6
　三、版权与著作权的趋同与融合 /6

第二章 著作权保护什么 /8

第一节 作品的定义及构成要件 /8
　一、作品的定义 /8
　二、作品的构成要件 /9

第二节 如何理解独创性 /12
　一、如何理解独创性中的"独" /13
　二、如何理解独创性中的"创" /14

第三节　不受著作权法保护的情形 /15
一、官方文件及其正式译文 /16
二、单纯事实消息 /17
三、历法、通用数表、通用表格和公式 /18
四、已过保护期的作品 /19

第四节　著作权法规定的作品类型 /19
一、文字作品 /19
二、口述作品 /20
三、音乐、戏剧、曲艺、舞蹈、杂技艺术作品 /21
四、美术作品、建筑作品 /24
五、摄影作品 /26
六、视听作品 /26
七、工程设计图、产品设计图、地图、示意图等图形作品和模型作品 /28
八、计算机软件 /29
九、符合作品特征的其他智力成果 /30
十、派生作品 /30
十一、汇编作品 /31
十二、民间文学艺术作品 /31

第五节　乡村生活中受著作权法保护的作品 /31
一、剪纸 /32
二、皮影戏 /33
三、东北二人转 /34
四、传统建筑 /34

第三章　著作权包含哪些权利 /35
第一节　著作人身权 /35
一、发表权 /36

二、署名权 /38

　　三、修改权 /38

　　四、保护作品完整权 /39

第二节　著作财产权 /40

　　一、复制权 /42

　　二、发行权 /43

　　三、出租权 /44

　　四、展览权 /44

　　五、表演权 /45

　　六、放映权 /46

　　七、广播权 /47

　　八、信息网络传播权 /47

　　九、摄制权 /48

　　十、改编权 /48

　　十一、翻译权 /49

　　十二、汇编权 /49

第三节　著作权的保护期限 /50

　　一、署名权、修改权与保护作品完整权无保护期限 /51

　　二、发表权及著作财产权的保护期限 /51

第四章　谁享有著作权 /53

第一节　哪些人可以享有著作权 /53

　　一、著作权主体的分类 /53

　　二、作者 /55

第二节　单位成为著作权人的情形 /56

　　一、基于法律规定取得著作权 /57

　　二、基于合同约定取得著作权 /59

第三节　职务作品 /60
　　一、职务作品的概念 /60
　　二、职务作品的著作权归属 /61
第四节　委托作品 /63
　　一、委托作品的概念 /63
　　二、委托作品的著作权归属 /64
第五节　合作作品 /65
　　一、合作作品的概念 /65
　　二、合作作品的著作权归属 /66
第六节　演绎作品 /67
　　一、演绎作品的概念 /67
　　二、演绎作品的著作权归属 /68
第七节　著作权登记 /69
　　一、著作权的取得方式 /69
　　二、我国的著作权取得方式 /70
　　三、我国的作品著作权登记 /72
第八节　乡村文化作品的著作权保护 /73
　　一、乡村文化作品的著作权归属 /74
　　二、乡村文化作品的著作权权属纠纷 /74

第五章　邻接权 /76

第一节　邻接权概述 /76
　　一、邻接权的含义 /76
　　二、邻接权的内容 /77
第二节　歌星和演员享有的权利 /78
　　一、歌星与演员享有表演者权 /78
　　二、表演者权的内容 /79

第三节　录音录像制作者享有的权利 /81
　　一、录音录像制作者享有录音录像制作者权 /81
　　二、录音录像制作者权的内容 /83
第四节　广播电台和电视台享有的权利 /85
　　一、广播电台和电视台享有广播组织权 /85
　　二、广播组织权的内容 /86
第五节　乡村文化活动中的邻接权人 /87
　　一、乡村文化活动中的表演者 /88
　　二、乡村文化活动中的录音录像制作者 /89

第六章　可以不经权利人许可使用作品的情况 /90
第一节　合理使用概述 /90
　　一、合理使用的含义 /90
　　二、规定合理使用的目的 /90
第二节　合理使用的情形 /91
　　一、个人合理使用 /93
　　二、适当引用 /93
　　三、新闻报道中的合理使用 /94
　　四、时事性文章登载与播放的合理使用 /95
　　五、在公众集会上发表讲话的合理使用 /95
　　六、为教学与科研目的的合理使用 /96
　　七、国家机关的公务性合理使用 /96
　　八、为馆藏需要而复制的合理使用 /97
　　九、免费表演时的合理使用 /97
　　十、公共场所艺术品的合理使用 /98
　　十一、翻译行为中的合理使用 /98
　　十二、关爱阅读障碍者的合理使用 /99

第三节 法定许可概述 /99
　一、法定许可的含义 /99
　二、法定许可的构成条件 /100
第四节 法定许可的情形 /100
　一、编写出版教科书的法定许可 /101
　二、报刊转载和摘编的法定许可 /102
　三、合法录制为录音制品使用的法定许可 /103
　四、广播电台、电视台播放作品的法定许可 /104

第七章 著作权的行使 /105

第一节 著作权行使的方式 /105
　一、著作权集体管理组织 /105
　二、著作权的许可使用 /106
　三、著作权的转让 /106
第二节 著作权集体管理 /106
　一、著作权集体管理及其组织 /107
　二、我国的著作权集体管理组织 /108
　三、著作权集体管理组织的活动内容 /109
　四、乡村文化作品的著作权集体管理问题 /110
第三节 著作权许可使用 /111
　一、著作权许可使用的含义 /112
　二、著作权许可使用的特征 /112
　三、著作权许可使用的类型 /113
　四、著作权许可使用合同 /114
　五、乡村文化作品的著作权许可使用问题 /115
第四节 著作权转让 /116
　一、著作权转让的含义 /117
　二、著作权转让的特点 /117

三、乡村文化作品的著作权转让问题 /118

第八章　著作权侵权行为及其解决 /120

第一节　著作权侵权行为 /120
　　一、著作权直接侵权行为 /120
　　二、著作权间接侵权行为 /121
第二节　乡村文化活动面临的著作权侵权问题 /121
　　一、著作权容易被侵犯 /122
　　二、著作权侵权取证困难 /122
　　三、著作权维权成本高昂 /123
第三节　著作权侵权的维权途径 /123
　　一、协商和解 /123
　　二、调解 /123
　　三、仲裁 /124
　　四、诉讼 /125
第四节　著作权侵权诉讼 /126
　　一、起诉前的准备 /126
　　二、有管辖权的法院 /127
　　三、在诉讼中应该注意的事项 /128
　　四、对判决结果不服的处理 /129
第五节　侵犯著作权可能承担的责任 /129
　　一、民事责任 /129
　　二、行政责任 /131
　　三、刑事责任 /131

附录一　中华人民共和国著作权法 /133

附录二　作品登记申请表 /152

参考文献 /154

第一章 什么是著作权

第一节 著作权是什么权利

乡村文明是中华民族文明的重要内容之一。在乡村振兴背景下,随着新兴媒介技术的不断发展与普及,短视频成为当下赋能乡村振兴最具影响力的产业形态之一。"抖音"等短视频平台成为乡村一部分人了解外界、展示自己的平台;平台里面的各类短视频成为诠释乡村生活、助推乡村发展的重要载体。大家使用该类平台的时候,有没有遇到过关注了很久的一些账号再也看不了的情况呢?这是因为"抖音"等短视频平台为了打击抄袭等侵权行为封禁了这些账号。为什么说这些账号侵权呢?这就要从什么是著作权讲起。

一、著作权的含义

著作权是指著作权法赋予作者等著作权人对作品所享有的专有权利。作者就是完成创作的人,这里的"人"可以是有血有肉的自然人,也可以是公司等法人组织、非法人组织。例如:为建设新农村,村民小张受村委会指派,在村里各家各户的房屋外墙壁上作画,以美化农村环境;某建筑公司接受委托,为村里修建富有传统特色、极具当地文化个性的建筑。这里的小张和建筑公司都是作者。作品是文学、艺术和科学领域内具有独创性并能以一定形式表现的智力成果。例如,前面提到的小张创作的画,就属于美术作品。建筑公司修建的建筑如果具有独创性就属于建筑作品。所以,根据著作权法的规定,小张和建筑公司分别作为美术作品、建筑作品的创作者,他们应该对自己的作品享有著作权。那么,对于他们来说,著作权究竟有什么用？著作权是一项内涵丰富的权利，包括人身权和财产权。例如，在作品上署上作者的姓名，就属于人身权的内容。人身权与著作权人的人身利益相关，一般不得转让。财产权则是纯粹的经济利益，如禁止他人复制自己的作品或者将作品上传到网络上等。财产权可以转让或者许可他人使用。对于著作权人而言，著作权是一种专有权利，著作权人既可以许可他人实施、利用其作品，并从中获得许可费用，也可以禁止他人未经许可利用其作品。以前文提到的小张为例，小张对自己在墙上创作的画作享有著作权，这意味着小张可以通过授权他人使用该作品来获得报酬，相应地，未经小张许可，他人则不能擅自使用其作品。如果一位杂志摄影记者来新农村采风，拍摄了小张创作的画作，并且将照片刊登在杂志上，在未获得小张许可的前提下，小张有权起诉该记者侵权。

二、著作权法

著作权法不是单独指某一部法律，而是指以《中华人民共和国著作权法》（以下简称《著作权法》，见附录一）为核心的一系列法律、法规等规范性文件，既包括国内的相关制度，也包括国际条约和国际公约，具体包括：《著作权法》、《中华人民共和国著作权法实施条例》（以下简称《著作权法实施条例》）、《计算机软件保护条例》、《著作权集体管理条例》、《信息网络传播权保护条例》，以及最高人民法院的相关司法解释等；《保护文学和艺术作品伯尔尼公约》（以下简称《伯尔尼公约》）、《世界版权公约》、《与贸易有关的知识产权协议》、《保护表演者、音像制品制作者和广播组织罗马公约》、《世界知识产权组织版权条约》、《世界知识产权组织表演和录音制品条约》、《视听表演北京条约》等。

三、著作权制度的产生与发展

著作权制度的产生与发展是商品经济、政治、科技与文化等因素共同影响的结果，其中起决定作用的是科技和经济两大因素。商品经济的发展使人们的思想观念发生了变化，从而产生了现代著作权的概念；科技的发展使作品的价值在更大范围内得以实现，从而产生了保护著作权的客观要求。

从 15 世纪开始，欧洲的一些出版商纷纷要求皇室授予他们印刷出版的专有权，以打击盗版图书、维护其利益。但是，这些专有权并不是真正的著作权，而仅是君主授予的特许出版权，保护的不是作者而是出版商的利益。1709 年，英国通过了《安娜女王法》，这部法律以保护作者利益为核心，是第一部现代意义上的著作权法，对世界著作权立法产生了重要影响。随后，各个国家纷纷开始制定适合本国国情的著作权法。

《伯尔尼公约》是在世界范围内保护著作权的重要国际公约，标志着国际著作权保护体系的初步形成。该公约于 1886 年 9 月 9 日在瑞士制定，旨在保护其成员国的作者和文学、艺术作品。该公约的许多内容都为各国著作权法所沿用，如著作权的最低保护期限、作者的基本权利、受保护作品的类型等。我国也是该公约的成员国。

我国古代有没有著作权法呢？对于这个问题有很多争议。自宋代以来，在一些书籍的牌记或印记中曾标有"禁止翻刻""翻刻千里必究"的字样。但这种带有威胁性的语句，其实并不具有法律效力。20 世纪初，清政府为了挽救自己覆灭的命运，决定进行改革，并出台了一系列的法律，其中，于 1910 年颁布的《大清著作权律》是中国第一部真正意义上的著作权法。从形式上来看，这部法律还是比较完备的，但是随着清王朝被推翻，这部法律实际上也没有得到实施。新中国成立以后，我国出台了与著作权保护相关的规定。1990 年 9 月 7 日，《著作权法》正式颁布，随后又于 2001 年、2010 年和 2020 年三次进行修改。

第二节 国家版权局

一、国家版权局的历史沿革

1985年,中华人民共和国国家版权局成立。2013年3月,十二届全国人大一次全体会议批准《国务院机构改革和职能转变方案》和《国务院关于机构设置的通知》,将新闻出版总署、广电总局的职责整合,组建国家新闻出版广电总局,加挂国家版权局牌子。2018年3月,中共中央印发《深化党和国家机构改革方案》,明确指出将国家新闻出版广电总局的新闻出版管理职责划入中央宣传部,中央宣传部对外加挂国家新闻出版署(国家版权局)牌子。2018年4月16日,国家版权局正式揭牌。

二、国家版权局的职责

国家版权局是国务院著作权行政管理部门,主管全国的著作权管理工作,其主要职责是:拟订国家版权战略纲要和著作权保护管理使用的政策措施并组织实施,承担国家享有著作权作品的管理和使用工作,对作品的著作权登记和法定许可使用进行管理;承担著作权涉外条约有关事宜,处理涉外及港澳台的著作权关系;组织查处著作权领域重大及涉外违法违规行为;组织推进软件正版化等工作。

三、与农村文化著作权密切相关的职能

(一)著作权登记

虽然著作权是自动取得的,但是著作权登记对著作权的确定能够起到很好的证明作用。例如,前文中小张在向法院提起著作权侵权诉讼时,该如何证明自己就是著作权人呢?除了村委会证明外,

还有一种最简单有力的证明方式，就是著作权登记证书。那么，小张应该到哪里进行著作权登记呢？

除计算机软件以外的各类作品登记机关是国家版权局和各省、自治区、直辖市版权局办理作品登记业务的办理机构。也就是说，小张可以直接到办理机构（无办理机构的可到登记机关）申请作品登记。其中，中国版权保护中心是国家著作权主管部门认定的登记机构，承担作品和计算机软件著作权登记、与著作权有关权利事项登记、专有权登记等事项工作。该版权登记机构现已实现作品版权登记全面线上办理，即作品版权登记无须打印和邮寄纸质材料，这大大提高了著作权人作品登记效率。

（二）普法教育

如果大家需要了解与著作权相关的法律法规，可以登录国家版权局网站。该网站设有"法律法规"专栏，专门提供与著作权相关的法律法规、国际条约、部门规章和规范性文件。通过这个专栏大家可以了解到最为全面的、与著作权相关的官方文件，学习法律知识、提高维权意识。

（三）信息公开

国家版权局会定期发布"剑网行动"、打击盗版以及著作权领域典型案例等内容，还会定期发布版权统计、版权产业发展报告等。大家可以借此了解到著作权相关领域的信息。

第三节 版权与著作权的关系

一、版权法与著作权法的名称之争

在我国，"版权"和"著作权"这两个名称都在使用，《著作权法》第六十二条明确指出"本法所称的著作权即版权"。

在现行著作权法的立法过程中，曾经发生过著作权法律名称究竟是"版权法"还是"著作权法"的争议。后来,最终敲定"著作权法"这一名称。

二、版权与著作权的区别

版权与著作权是具有不同渊源的,代表两种观念的两个概念。

版权是英国、美国等英美法系国家使用的概念,其英文为 copyright,即控制复制件的权利,是为阻止他人未经许可复制作品、从而保护作者的财产利益而创设的权利。英美法系国家将版权视作为鼓励、刺激作品创作而产生的公共政策的产物。版权保护的侧重点在于保护作者的财产权利,作品曾长期被视为作者的财产,与作者的精神、人格关系不大。

著作权是德国、法国等大陆法系国家的概念,其英文是 author's right,即作者的权利。这些国家的著作权法将作品视为作者人格的延伸和精神的反映而并非普通的财产,因此其著作权法非常注重保护作者的人身权利。

正是由于两者在立法理念上的不同,导致了版权和著作权在法律规定中的内容也有所不同。版权的很多规定侧重于对财产权利的保护,而著作权的很多规定则是对人身权利和财产权利同时进行保护。

三、版权与著作权的趋同与融合

随着两大法系的主要国家加入《伯尔尼公约》以及两大法系之间的相互借鉴与融合,著作权和版权在概念上的差别逐渐缩小。目前从世界各国立法体例上来看,无论是著作权还是版权,其保护的客体、内容等都具有很大程度的相似性。在国际法领域,这两个词逐渐成为可以互换的同义词。

我国自清末从日本引进"著作权"称谓后,在正式立法中一直使用著作权这一概念,现行著作权法的名称也是"著作权法",但这并不意味着我国著作权法属于典型的德国、法国等大陆法系国家的著作权制度,英美法系版权法中的不少规则和观念也体现在我国著作权法中。由于《著作权法》同时借鉴了两大法系,因此著作权和版权这两个概念在我国著作权立法中已成为同义词。

第二章　著作权保护什么

第一节　作品的定义及构成要件

村里的大学生张三在大三放暑假的时候自己在家里写了一篇关于村里老人在饥荒时期的文章。这篇文章是张三通过和村里的老人交流，听他们讲自己在饥荒时期的经历，对这些故事进行整理和再创作而形成的。后来，张三把这篇文章发表在某期刊上，并获得了稿费。村里的李四听说张三写了一篇关于村里老人的文章并获得了一定的报酬，于是也参照张三的文章写了一篇文章。李四在写这篇文章的时候，完全没有和文章中的那些老人交流，根本不知道老人们在饥荒时期经历了什么，完全依据张三文章中的描述，最后写出来的文章和张三已经发表的文章十分相似。随后，李四把这篇文章发表在了其他城市的某期刊上，也获得了稿费。张三知道以后，认为李四抄袭自己的作品。那么，李四的行为是否构成抄袭呢？问题在于，张三写的文章与李四写的文章是不是都属于作品并受著作权法保护。

要解决上述问题，首先我们需要了解什么是作品。

一、作品的定义

根据《著作权法》第三条的规定，作品是指文学、艺术和科学领域内具有独创性并能以一定形式表现的智力成果。

根据《伯尔尼公约》第二条的规定，"文学艺术作品"一词包括科学和文学艺术领域内的一切作品，不论其表现方式或形式如何，诸如书籍、小册子及其他著作；讲课、演讲、讲道及其他同类性质作品；戏剧或音乐戏剧作品；舞蹈艺术作品及哑剧作品；配词或未配词的乐曲；电影作品或以与电影摄影术类似的方法创作的作品；图画、油画、建筑、雕塑、雕刻及版画；摄影作品以及与摄影术类似的方法创作的作品；实用美术作品；插图、地图；与地理、地形、建筑或科学有关的设计图、草图及造型作品。

从上述文件中可以看出，对作品的界定有两种方式，一种是列举方式，同《伯尔尼公约》一样将书籍、小册子、讲课等这些文学作品列举出来，另一种是概括式立法，将所有作品的特点进行抽象化，然后给出一个概括性的定义。列举的界定方法对于大家来说，更加直观，但弊端就是无法穷尽所有的作品类型。而概括式立法可以涵盖所有作品类型，但是不够直观。所以，我们需要在概括的基础上再具体列举作品类型。

简单地说，在创作过程中自己独立完成创作的，并且能以某种形式表现出来的智力成果就是作品。在我们生活中能够成为作品的有很多，例如，那些我们耳熟能详的民间故事、能随口哼唱的歌曲、我们在乡间小院拍的风景照、电视机里每天开播的电视剧和动画片、手机里的软件程序等。

二、作品的构成要件

通过介绍作品的定义，我们可以得出，受到《著作权法》保护的作品必须满足以下四个构成要件。

（一）作品是属于文学、艺术和科学领域内的智力成果

作品应当是文学、艺术和科学领域内作者创造性劳动的结晶，是文学、艺术和科学领域内的表达形式。人类的智力成果的范围很广，其中只有一小部分才能构成我国著作权法意义上的作品，其余的智力成果或是被排除在知识产权法的保护范围外，或是受其他知识产权法的保护，不属于著作权法保护的范畴。

著作权法保护的是能够传递思想情感或展示美感的特定表达。

在符合独创性等条件的情况下，文学和艺术领域内的多种表达如小说、雕塑等，都能够传递思想情感或展示艺术美感，符合作品的构成要件。早期的作品涉及的领域包括文学、艺术方面，随着科技的高速发展，作品的领域从文学、艺术领域扩大到了科学领域。在科学领域内的部分表达形式，例如产品设计图、工程设计图、地图等，同样能够展示科学之美，也符合作品的构成要件。

著作权法保护的创作范围并未延及技术领域。技术领域内的多数智力成果都旨在解决技术问题，其重点并不在于传递思想情感或者展示美感。虽然有的智力成果也具有一定的美感，如一辆汽车在外观上流畅的线条，但是这种美感与实用功能融为一体、无法分离，如对汽车设计流畅的线条是为了减少在行驶过程中风产生的阻力，那么这种智力成果也不能构成著作权法意义上的作品。

作品只能是智力成果，并不包括其他劳动成果。历史上曾经发生过将体力劳动成果视为"作品"的情况，并且被形象地称为"额头流汗"标准。例如，为了精准扶贫，村委会挨家挨户统计每户中各家庭成员的个人情况，将所有信息填报后形成了完整的统计册，按照"额头流汗"标准，这个统计册就属于"作品"，其他任何单位使用都可能侵犯该统计册的著作权。但是，在这个统计册的形成过程中，村委会工作人员付出的只有体力劳动，并没有体现出其智力创造性，如果对体力劳动赋予著作权，则显然不符合著作权法鼓励人们进行智力创作的目的。随着立法理念的转变，"额头流汗"标准已经不被采纳。作品只能是智力成果这一要件得到普遍认可。

（二）作品是人的创作物

在北方农村的冬天，风雪虽带来了严寒，但也带来了大自然的"杰作"，树挂、冰凌等晶莹剔透的景致就像一幅画。那么，这样的景象是否属于著作权法保护的作品呢？答案是否定的。这是因为，大自然的创作物不属于人类的智力成果，在大自然中浑然天成的艺术品，虽具有很高的艺术美感，但不属于作品。如果村里的小张感叹大自然的美妙,将这样的景象用手机拍摄下来,那么这张含有该景象的照片则可以成为作品,受到著作权法保护,因为照片是人的创作物。

目前,随着人工智能的发展,作品的这一构成要件受到了前所未有的挑战。智能机器人创作的小说、绘画甚至是舞蹈等能否成为作品呢?从创作主体来看,智能机器人的创作成果是否能够认定为"人"的创作物这一问题存在很大争议,仍有待法律进一步明确。

(三)作品能以一定的形式表现出来,具有可感知性和可复制性

著作权法保护的是具体的表达而不是思想,文学、艺术、科学创作只有通过文字、符号、语言、造型、色彩等具体的形式表达出来,能够为人们直接或间接地听到、看到或感受到,才可能成为作品。也就是说,作品必须具有可感知性。从著作权法的角度来看,蓝图、腹稿都不属于作品,这是因为其均属于思想的范畴,人的思想如果没有表达出来,是无法被他人理解和感受到的。

智力成果是否需要被固定下来才能构成受著作权法保护的作品呢?例如,村民老李很喜欢唱歌,在山上采药、地里干活时,总要来上一段。那么,老李即兴演唱的歌曲是否构成作品被著作权法保护呢?如果某人把老李的歌曲录下来发到短视频平台上,有没有侵犯老李的著作权呢?

《伯尔尼公约》第二条规定,本联盟各成员国得通过国内立法规定所有作品或任何特定种类的作品如果未以某种物质形式固定下来便不受保护。根据这一规定,"固定"是否成为智力成果受著作权法保护的条件由各个国家自行决定。我国著作权法并未要求只有被固定下来的智力成果才能受到保护,因此,即兴演唱的歌曲、弹奏的音乐等即使没有被固定下来,均可构成作品受到著作权法的保护。综上所述,前文提到的老李对他即兴演唱的歌曲享有著作权,其他任何人未经许可,不得擅自使用。

(四)作品应具有独创性

独创性是作品构成要件的核心。独创性又称原创性,是指作品必须是创作者通过独立构思、运用自身技能技巧、发挥聪明才智,独立完成的智力成果,应该从三个方面理解独创性:第一,必须有产生作品的创造性劳动;第二,作品中体现了人的智力活动,思想或情感内容必须能够通过作品传达出来;第三,作品中应体现出创作者的个性及其鲜明的特色,表达出创作者的思想,但并非要求思想与众不同。在创作过程中收集资料、学习他人的写作手法、参考或适当引用他人的作品,并不属于丧失独创性的范畴。但是直接通过抄袭、剽窃获得的作品,没有作者自己思想或情感的表达,不具有独创性,法律不会保护通过抄袭、剽窃手段完成的创作物。独创性是作品区别于其他人类劳动成果的关键。由于对独创性的判断比较复杂,本章第二节将对此进行专门论述。

现在回到本章开头中张三和李四的纠纷。两人的文章均属于文学领域的智力成果,是人的创作物,并且符合以一定形式表达,能够被人们所感知与复制。对于是否具有独创性,两篇文章则需要分开讨论。张三写这篇文章的时候是通过和村里的老人交流,听他们讲自己在饥荒时期的故事,然后对老人们在饥荒时期所经历的事再进行整理和创作。张三文章的创作由其独立完成,具有一定的创作高度,具有独创性。李四未经过调研,直接参照张三的文章完成的内容与其文章构成基本相似,不具有独创性,不能受到著作权法的保护。

第二节 如何理解独创性

村里老李家的竹编技艺颇有名气,除了编菜篮、簸箕等实用性物件,老李还可以编花鸟鱼虫等造型的观赏性物件。那么,老李所编的这些竹器是否属于作品呢?这就要看它们是否具有独创性。以下将独创性分为"独"和"创"两个方面进行理解。

一、如何理解独创性中的"独"

根据《现代汉语词典》的解释,"独"的含义有多项,其中包括"一个"和"独自"两个看起来相似实则不同的含义。"一个"强调的是独一无二、唯一;而"独自"强调的是自己本人。著作权法上独创性中的"独",是指自己独立创作,所有的成果都源于本人,即劳动成果来自本人的智力创造,而不包括抄袭、剽窃。

著作权法上独创性中的"独"并不完全排斥相似作品。例如,小张拍摄了一张关于新农村建设的美景照片,如果同村的小王在没有接触过小张的照片的前提下,恰巧在同一时间、以同一角度拍摄了一张与小张拍摄的非常相似的新农村建设美景照片,那么小王的照片同样具有独创性,构成作品。但是,如果小王并不是自己独立去拍摄,而是用手机拍下小张的照片后,上传到网络平台上,那么此时小王的行为就不属于个人独立创作,而是对小张的照片进行复制,小王对其上传的照片不享有著作权。

著作权法上独创性中的"独"不排斥思想、主题的相似。同一主题的不同作品可以分别受到著作权法保护。例如,大家喜欢观看一些讲述乡村生活的电视剧,像《乡村爱情》系列电视剧、《最美的乡村》《马向阳下乡记》等,虽然这些电视剧所表达的主题都是农村生活的千姿百态,但是分别有各自的故事情节与脉络,人物形象也各不相同。这些电视剧都是独立创作的智力成果,分别构成不同的作品。

从作品的角度来看,"源于本人"有两种情况:一是从无到有,独立创作完成的作品;二是在他人作品的基础上进行再创作,由此产生与原作品具有一定差异的新作品。前者被称为原始作品,如个人创作完成的小说、绘画、山歌、大部分手工艺品等。后者被称为二次作品,如将民歌、山歌进行整理形成的汇编本和整理本。

二、如何理解独创性中的"创"

根据《现代汉语词典》的解释,"创"的含义是开始做、初次做。著作权法上独创性中的"创",是指达到一定水平的智力创作高度。也就是说,并非所有的智力成果都能构成作品。假设一个三岁的小孩在纸上随手涂鸦,画了几个圈圈、几根线条,虽然这也属于智力劳动成果,但是,如果将其作为作品予以著作权法保护,那么著作权法的保护范围就过于宽泛。相反,是不是画作都要达到齐白石、徐悲鸿这些绘画大师的创作高度才能构成作品呢?答案显而易见也是否定的,如果要求这样的艺术高度,那么著作权法的保护范围就过于狭窄,这将大大打击创作者的创作热情,同时也削弱了法律存在的意义。

综上所述,智力成果应达到哪种程度的创作高度才能构成作品呢?对于这个问题,各国在立法上主要有两种倾向。前文曾经提过,在著作权法发展历史上,曾经发生过将体力劳动成果视为作品的情况,并且被形象地称为"额头流汗"标准。虽然这一标准已经被摒弃,但是原来采用"额头流汗"标准的国家对独创性中的"创"的要求仍然较低。根据这些国家的立法理念,即使是最普通甚至陈腐的独立创作的智力成果,都可能受到版权保护,只要这种努力不是微不足道的。与此相反,德国、法国等国家普遍对"创"的要求比较高。例如,德国认为必须在该作品类型领域创作出比人们所期待的普通的智力成果更高程度的智力成果,才能构成作品。正是由于存在着不同的立法倾向,世界各个国家对智力成果视为作品的情形也作出了不同的规定。有些在美国被认定为作品的智力成果,在德国并不能够成为作品受到保护。我国著作权法虽然规定了"独创性"这一作品的构成要件,但是对于独创性中的"创"的程度没有作出具体的规定。如果在作品认定上产生纠纷,一般由法官在判案时进行具体情况具体分析。

现在回到本节开头中老李的竹编是否构成作品这一问题。第一，老李的竹编都是自己制作完成的，符合独创性中"独"的"源于本人"这一要求。第二，在"创"的判断上，实用性物件与观赏性物件存在着不同的标准。菜篮、簸箕等主要功能在于实用的物件，在现实生活中已经有一定的固定形态，对于老李这个制作者来说，他的创作空间很小。例如，菜篮大部分是圆形或方形，如果编成其他的形状，可能无法实现方便装菜这一功能，即在外观造型上通常不能够达到独创性的要求，而且如果将其作为作品予以保护，则意味着其他人只要用竹子编制菜篮，就可能侵犯老李的著作权，这显然不符合现实要求。对于用竹子编制的花鸟鱼虫等主要功能在于美观的物件，则具有一定的创作空间，能体现出创作者个人的特色，符合独创性的要求，可以成为作品予以保护。

第三节 不受著作权法保护的情形

哪些智力成果是被著作权法明确排除在保护范围的呢？这一点主要体现在我国《著作权法》第五条的规定，除了该条所规定的内容外，已经超过保护期的作品也不再受《著作权法》保护。

 法律规定

> 《中华人民共和国著作权法》
> 第五条 本法不适用于：
> （一）法律、法规，国家机关的决议、决定、命令和其他具有立法、行政、司法性质的文件，及其官方正式译文；
> （二）单纯事实消息；
> （三）历法、通用数表、通用表格和公式。

> **《保护文学和艺术作品伯尔尼公约》**
>
> 第二条 二、但本联盟各成员国法律有权规定仅保护表现于一定物质形式的文学艺术作品或其中之一种或数种。
>
> 四、本联盟成员国得以立法确定对立法、行政或司法性质的官方文件及这些文件的正式译本的保护。
>
> 八、本公约所提供的保护不得适用于日常新闻或纯属报刊消息性质的社会新闻。

一、官方文件及其正式译文

根据《伯尔尼公约》,对于立法、行政或司法性质的官方文件是否予以保护,由各个国家自行决定。《著作权法》规定法律、法规,国家机关的决议、决定、命令和其他具有立法、行政、司法性质的文件不属于该法的保护对象。因此,我国的法律、法规,包括《中华人民共和国宪法》《中华人民共和国刑法》《中华人民共和国民法典》等,以及各种国际条约都不是我国著作权法的保护对象。现在大家应该可以理解"《著作权法》不受我国著作权法保护"这一表述是正确的。

除了官方文件,官方文件的官方正式译文也同样不受著作权法保护。官方文件的官方正式译文,是指国家有关机关将法律等官方文件翻译成其他民族文字或外国文字的正式译本,或者将国际条约、国际公约等外国文字版本翻译成汉语的正式译本。这些译文是由国家机关进行翻译后公布的,与法律、法规和其他官方文件具有同等效力。例如,国家机关把《著作权法》翻译成藏文版本的或者英文版本的,该译本同《著作权法》一样不是我国著作权法的保护对象。但是,官方文件的非正式译文仍然是著作权法的保护对象。如果某人自行将官方文件翻译成意大利文版本,则其他任何人均不得擅自使用该译本，当然该著作权人也没有权利禁止其他人翻译该官方文件。例如，西藏某村村民小张，经过努力考上了某政法大学，为了让村民更好地知法、懂法，他将我国民法、刑法等法律翻译成藏语。这些译本是受著作权法保护的，其他任何人将其复制、发行或者上传至网络等行为都需要获得小张的授权，否则将可能构成著作权侵权。当然，小张将这些法律翻译成藏语，小李看到了，也想自己翻译试试，小张是否有权阻止小李翻译呢？答案当然是否定的，小张只能阻止他人对自己译本的利用，无权阻止其他任何人翻译这些法律。

二、单纯事实消息

某省的早稻丰收，该省晨报记者李某首先获得了这一消息，并且在晨报上刊登了"某年某月，某省收割早稻××吨，喜迎丰收"。刘某作为该省晚报记者，也想在晚报上刊登此消息，那么刘某是否需要获得李某的同意呢？

根据《伯尔尼公约》第二条第八项规定，该公约所提供的保护不得适用于日常新闻或纯属报刊消息性质的社会新闻。根据《著作权法》第五条第二款，该法不适用于单纯事实消息。那么，什么样的内容属于"单纯事实消息"呢？

单纯事实消息就是简单地阐述何时何地什么人因为什么发生了什么事。例如，每天晚上7点准时播放的中央电视台新闻联播中的消息，"抖音"短视频平台里每天发布的各种新闻事实报道，微信朋友圈里面分享的习近平总书记在某次会议中的讲话内容等。

为什么我国对单纯事实消息不予以保护？首先，客观事实本身不应受到著作权法的保护。事实是一种客观存在，并不属于作者的创作。如果著作权法对事实进行保护，就意味着对事实进行垄断，这样就会阻碍他人的创作。前文提到的早稻丰收是一个事实，并非谁先发现、谁先报道就能获得对这一事实的垄断权，否则，人类的文化田野将变得十分贫瘠。其次，仅仅将客观事实用比较简单的语言描述出来，由于一般不需要付出较多创造性智力劳动，因此不具有独创性。对早稻丰收的报道，就是说清楚什么时间什么地点发生什么事情，这里没有独创性的空间。刘某若想要刊登同样的事实消息，则并不需要获得李某的同意。但是，如果报道者对单纯事实消息进行了加工、整理，增加了自己的分析、评论，或对某些事实进行了特写，这篇报道就不再属于单纯事实消息，而是具有独创性的作品。此时，如果其他人想要利用这篇报道，就必须获得报道者的许可。晨报记者李某如果在报道事实的同时运用文艺手法对此进行了评论，那么李某所发布的报道就不再是单纯的事实消息，而构成新闻评论。新闻评论属于著作权法保护的作品。晚报记者刘某可以自己根据早稻丰收这一事实撰写新闻评论，而不需要获得李某的许可，但如果刘某想要刊登李某所撰写的新闻评论，就必须要获得李某的同意。

三、历法、通用数表、通用表格和公式

根据《著作权法》第五条第三款，历法、通用数表、通用表格和公式不适用于该法。

历法是推算年、月、日，并使其与相关天象相对应的方法，是协调历年、历月、历日和回归年、朔望月和太阳日的办法。历法所揭示的日期、节气、节日等内容不为著作权法所调整，但人们根据历法所绘制的挂历、台历、日历等展示历法内容的载体可以受著作权法保护。

元素周期率、函数表、对数表等通用数表和财务报表、通用发票、通用会计账册表格等通用表格，均不受著作权法保护，但非通用数表及表格，如某人手绘的五代以内血亲表可以受著作权法保护。

公式，如圆柱的表面积公式、分数的加减法则、圆周率 π 等，已进入公有领域，为人们普遍使用，不属于著作权法的保护对象。

四、已过保护期的作品

著作权法对作品的保护是有期限的。已经超过保护期限的作品，将进入公有领域，不再受法律的保护，著作权人也不再对该作品享有专有的权利，但著作人身权中的署名权、修改权、保护作品完整权这三项权利的保护期限不受时间限制。例如，大家熟悉的《红楼梦》《水浒传》等都已经超过著作权法的保护期限，进入了公共领域，如果有村民想把《红楼梦》搬上戏剧舞台，是不需要获得授权的，也不需要付费。

第四节 著作权法规定的作品类型

根据法律规定，著作权法保护的作品主要包括两大类：原始作品和二次作品。原始作品包括：文字作品，口述作品，音乐、戏剧、曲艺、舞蹈、杂技艺术作品，美术、建筑作品，摄影作品，视听作品，工程设计图、产品设计图、地图、示意图等图形作品和模型作品，计算机软件，以及符合作品特征的其他智力成果。二次作品包括改编、翻译、注释、整理已有作品而产生的派生作品和汇编作品。下面我们逐一介绍各种类型的作品。

一、文字作品

文字作品，是指小说、诗词、散文、论文等以文字形式表现的作品（如图2-1所示）。文字作品是文学、艺术、自然科学、社会科学、工程技术领域，以语言文字的形式，或其他相当于语言文字的符号来表达作者思想情感的创作成果，包括小说、诗歌、散文、论文、剧本、歌词等。文字作品的记录方式也多种多样，包括手写、打字、印刷、磁盘、光盘等。文字作品在我们生活中广泛存在。

图 2-1　文字作品

二、口述作品

　　口述作品,是指即兴的演说、授课、法庭辩论等以口头语言形式表现的作品(如图 2-2 所示)。口述作品是以口头语言创作的、未被任何物质载体固定下来的作品,包括演说、授课、法庭辩论、祝词、讲道等。口述作品应当是以口述的方式创作产生的,使用剧本、诗歌等文字作品进行口头表演、诗歌朗诵等,并不是口述作品而是对文字作品进行的表演,尽管在表演过程中进行了口述,但是这些过程并非表演者的口述作品创作过程。

图 2-2　口述作品

正所谓"口说无凭",口述作品由于没有被固定下来,当发生著作权纠纷时,取证较困难,作者的权利很难得到保护,因此很多国家并不保护口述作品。《伯尔尼公约》第二条虽然将"讲课、演讲、讲道和其他同类性质的作品"(即口述作品)列为保护对象,但又规定各成员国可以通过国内立法规定文学艺术作品或其中之一类或数类作品,如果未以某种物质形式固定下来即不受保护。根据这一规定,各国是否对口述作品进行保护由各国自由选择,我国的选择是对口述作品进行保护。

三、音乐、戏剧、曲艺、舞蹈、杂技艺术作品

(一)音乐作品

音乐作品,是指歌曲、交响乐等能够演唱或者演奏的带词或者不带词的作品(如图2-3所示)。音乐作品是对旋律、节奏、合声进行组合,以乐谱或歌词的形式表达作者思想的作品,如民歌、通俗歌曲、流行歌曲、交响曲、弦乐曲、爵士乐等。对音乐作品的使用最常见的是复制(单页乐谱或录音制品)、表演、广播、改编等。

图 2-3　音乐作品

(二)戏剧作品

戏剧作品,是指话剧、歌剧、地方戏等供舞台演出的作品(如图2-4所示)。戏剧作品一般是指戏剧剧本而非整台戏的表演,有些

国家直接将其作为文字作品予以保护。戏剧作品所涉及的布景、道具、演员的表演等是分别以美术作品、邻接权等进行保护的。戏剧作品包括话剧、歌剧、地方戏剧、广播剧等，如东北二人转、川剧变脸等。

图 2-4　戏剧作品

（三）曲艺作品

曲艺作品，是指相声、快书、大鼓、评书等以说唱为主要形式表演的作品，除上述形式外，还包括数来宝、快板、弹词、坠子、琴书等（如图 2-5 所示）。有些曲艺作品有脚本，而有些传统的曲艺

图 2-5　曲艺作品

作品没有脚本,只是口耳相传的师徒传授。这些作品无论是否有脚本,都可以构成曲艺作品。曲艺作品与曲艺作品的表演是两个概念,曲艺作品是表演者表演出来的作品,而对作品进行的表演本身是邻接权的内容。例如,村里举行单口相声比赛,老李和小张都说了评书《杨家将》,两人虽然表演的是同一个曲艺作品,但是分别对自己的表演单独享有表演者权。

(四) 舞蹈作品图形

舞蹈作品,是指通过连续的动作、姿势、表情等表现思想情感的作品(如图 2-6 所示)。舞蹈作品包括芭蕾舞、秧歌、迪斯科舞蹈、民族舞等。舞蹈作品以具有艺术感染力的身体活动来表现思想和感情,主要是指舞蹈的动作设计及编排,通常以文字描述、动作标记、绘图示意等方式记载下来。舞蹈作品非舞台上的表演,而是被表演出来的舞蹈动作设计。舞蹈作品的作者是编舞者,若著作权未发生转移,则编舞者是著作权人。表演者仅是表演舞蹈作品的人。

图 2-6 舞蹈作品

(五) 杂技艺术作品

杂技艺术作品,是指杂技、魔术、马戏等通过形体动作和技巧表现的作品(如图 2-7 所示)。杂技艺术作品的具体表现形式包括魔术、马戏、车技、蹬技、手技、顶技、走索、空中飞人、民间杂耍等。有些国家并没有把杂技艺术作为著作权法保护的对象。我国的杂技艺术历史源远流长,已经有 2 000 多年的历史。近年来,我国许多杂技艺术团先后出国表演,并屡获国际大奖,我国成为世界著名的杂技大国。为了更好地保护本国的杂技艺术,我国著作权法将杂技艺术列为作品予以保护。

图 2-7　杂技艺术作品

四、美术作品、建筑作品

(一)　美术作品

美术作品,是指绘画、书法、雕塑等以线条、色彩或其他方式构成的有审美意义的平面或者立体的造型艺术作品(如图 2-8 所示)。美术作品包括一般的美术作品和实用艺术品两种。一般的美术作品包括平面和立体两种类型:平面美术作品包括草书、行书等书法作品和油画、国画、版画、水彩画等绘画作品;立体美术作品包括玉雕、根雕等各种雕塑作品。

图 2-8　美术作品

实用艺术品是指美术作品的内容与具有使用价值的物体相结合，使得物体兼具观赏价值和实用价值，如陶瓷、家具、茶具、艺术灯等（如图2-9所示）。实用艺术品受著作权法保护的只是其具有独创性和美感的艺术创作部分，实用功能部分被排除在著作权法的保护范围。例如，村民老李用竹子编了一套陶瓷胎竹编茶具，该套茶具外面的花纹色彩等属于具有独创性的部分，可成为著作权法保护的对象，而茶壶、茶杯和盛水容器的实用功能部分不能受到保护。

图2-9　实用艺术品

（二）建筑作品

建筑作品，是指以建筑物或者构筑物形式表现的有审美意义的作品（如图2-10所示）。建筑作品属于以立体形式表现的作品。在我国，建筑作品是指建筑物（构筑物）本身，建筑设计图和建筑模型是分别作为图形作品和模型作品来保护的。建筑作品只保护建筑中与实用功能部分相分离的具有独创性的部分，包括建筑物（构筑物）的造型、装饰、设计等，而不包括普通建筑、建筑材料、建筑技术等。

图 2-10　建筑作品

普遍使用的大众性建筑如农村家家户户居住的普通宅院、城市的小区住宅等，由于不具有排他性和独创性，因此不受我国著作权法保护。建筑物的外观及装饰、设计中的通用元素属于公有领域的范围，也不受我国著作权法保护。

五、摄影作品

摄影作品，是指借助器械在感光材料或者其他介质上记录客观物体表象的艺术作品（如图 2-11 所示）。摄影作品是拍摄者通过灵感、摄影技术等个人创作，对自然、人物等客观事物进行记录、供人欣赏的艺术作品，具体包括传统意义上的照片（肖像、风景、时事、广告照片）、电影中的单独镜头、数码摄影等。纯复制性的照片，如将老照片进行翻拍后形成的照片不受保护。

六、视听作品

视听作品，是指摄制在一定介质上，由一系列有伴音或者无伴音的画面组成，并且借助适当装置放映或者以其他方式传播的作品（如图 2-12 所示）。视听作品是通过机械装置能直接为人的视觉和听觉所感知的综合性艺术作品。视听作品中可以包括文字作品、音乐作品、摄影作品、舞蹈作品等作品内容。视听作品具体包括电影、电视剧以及其他类似的视听作品。大家熟悉的一些电影、电视剧，例如，《乡村爱情》《马向阳下乡记》等都属于视听作品。

图 2-11　摄影作品

图 2-12　视听作品

七、工程设计图、产品设计图、地图、示意图等图形作品和模型作品

(一) 图形作品

图形作品,是指为施工、生产绘制的工程设计图、产品设计图,以及反映地理现象、说明事物原理或者结构的地图、示意图等作品(如图2-13所示)。

图2-13 图形作品

工程设计图,是指利用各种线条绘制的,作为建设或施工依据的工程实物基本结构和造型的平面图案。例如,村里老张家要修一栋住宅,需要先绘制一张建筑图纸,后面才能展开施工,这张建筑图纸就属于工程设计图。

产品设计图,是指以各种线条绘制的,用以说明生产的产品的造型及结构的平面图案。例如,铁匠老王要做一把独特的剪刀,在制作之前会先绘制一份带有剪刀具体样式的图纸,这份图纸就属于产品设计图。

地图,是指一种客观反映地理、人口分布、矿藏等实况,为人们识别方便而绘制的,具有指示性和艺术性的作品。例如,大家熟悉的中国地图、世界地图等。

示意图，是指以点、线、几何图形、注记等为表现形式来说明较复杂事物及其原理，或显示事物的具体形状、轮廓而绘制的作品，是为了说明内容较为复杂的事物的原理或具体轮廓而绘成的简略、明显、一目了然的图形。例如，人体骨骼示意图、人体内脏示意图等。

（二）模型作品

模型作品，是指为展示、试验或者观测等用途，根据物体的形状和结构，按照一定比例制成的立体作品（如图2-14所示）。例如，小孩子喜欢的飞机模型等。

图2-14　模型作品

八、计算机软件

计算机软件，是指计算机程序和有关文档（如图2-15所示）。计算机程序，是指为了得到某种结果而可以由计算机等具有信息处理能力的装置执行的代码化指令序列，或者可以被自动转化成代码化指令序列的符号化指令序列或者符号化语句序列。例如，大家使用的"抖音"软件，其展现的是一个供人们上传和欣赏视频的平台，实际上即是计算机软件在运行。

图 2-15　计算机软件

九、符合作品特征的其他智力成果

随着科技、文化事业的发展,将来还可能出现一些新的作品形式,而只要是符合作品特征的智力成果,就都可能纳入著作权法保护的范围。这一规定可以使法律在相当长的时间内保持一定的稳定性与灵活性。目前,已经出现了一些新型智力成果要求被认定为作品的诉求。在荷兰,有人就"奶油芝士酱的独特口味"是否构成作品,要求欧盟法院进行认定。

十、派生作品

派生作品又称演绎作品,是指在原来作品的基础上,对原作品加以改编、翻译、注释、整理后形成的新作品。例如,将小说改编成剧本,或者把中文小说翻译成英文版本。派生作品主要包括改编作品、翻译作品、注释作品和整理作品。改编作品,是指利用他人作品,对其加以改写后创作出的一种新作品,如由小说改编而成的漫画。翻译作品,是指把作品从一种语言文字转换成另一种语言文字而创作出的新作品,如由英文原著翻译而成的中文小说。注释作品,是指对他人的作品加以注释而创作出的新作品,以帮助其他人理解该作品。例如，有人研究某本传统医学著作，对书中的古代文字进行注释后得到的作品。整理作品是根据整理者的理解对整理对象进行整理，使其成为完整的作品，如对本民族的民歌进行整理。由于演绎作品属于二次作品，所以在创作演绎作品时要注意以下三点：①应取得原作品著作权人的许可，并支付报酬；②不得歪曲、篡改原作品；③在演绎作品上标明原作品的名称及其作者。

十一、汇编作品

汇编作品，是指汇编若干作品、作品的片段或者不构成作品的数据或其他材料，对其内容的选择或者编排体现独创性的作品。汇编作品的著作权由汇编人享有，但其在行使著作权时，不得侵犯原作品的著作权。例如，小张一直致力于收集自己民族的歌曲，最终形成了民歌集，小张虽然对其收集到的民歌没有著作权，但是对于自己耗费心力收集形成的民歌集享有汇编人的著作权。

十二、民间文学艺术作品

民间文学艺术作品，是某一民族或地区的传统艺术表达，如民间传说、诗歌、音乐、服饰、建筑等。例如，上文提到的小张所收集的自己民族的民歌，就属于民间文学艺术作品。民间文学艺术作品与其他作品相比较，最大的区别在于其创作主体和创作时间不易确定。这意味着著作权人和保护期限很难确定，所以在民间文学艺术作品的著作权保护上较其他作品困难更大。

第五节　乡村生活中受著作权法保护的作品

在乡村生活中有很多作品分属于不同的作品类型，其中最多的是民间文学艺术作品，除此之外，还包括音乐作品、美术作品、文字作品等。主要的乡村文化作品有：①故事、诗歌、谜语、歌谣、谚语、传说、寓言、神话以及其他以文字形式表达的乡村文化作品；②民歌、器乐演奏以及其他以音乐形式表达的乡村文化作品；③剪纸、绘画、书法、服饰、工艺品以及其他以美术形式表达的乡村文化作品；④舞蹈、皮影戏等传统戏剧、曲艺，代表性建筑以及以其他形式表达的乡村文化作品。下面介绍几种比较有特色的乡村文化作品。

一、剪纸

剪纸是一种镂空艺术，是将现实生活场景经艺术化处理后形成的一种平面的传统艺术形式（如图 2-16 所示）。我们常见的剪纸一般是在纸张上展现出来，但是其实剪纸还可以在皮革、树皮、金银箔等材料上进行创作。我国的剪纸艺术源远流长，例如，山西剪纸最早出现在西周时期，《史记》中记录过周成王用梧桐叶剪成玉圭图像，然后将其赐给他的弟弟叔虞的故事。著作权法保护的不是剪纸技艺，而是运用剪纸技艺制作的剪纸作品。例如，村民王二妞运用祖传剪纸技艺创作了很多漂亮的剪纸，其邻居张翠觉得这些剪纸很漂亮，便向王二妞要了一些，之后张翠将这些剪纸拍照后放在自己

图 2-16　剪纸

的网络社交平台上，同时自己不断琢磨，也学会了同样的剪纸技艺。王二妞知道后，认为张翠偷学自己的祖传技法，侵犯了自己的权利。那么，假设王二妞要进行诉讼，她可以起诉张翠侵犯她的什么权利呢？对于剪纸技法，著作权法是不予以保护的，法律保护的是剪纸作品。张翠将王二妞的剪纸作品拍照后上传网络，侵犯了王二妞的信息网络传播权，但是，张翠学习王二妞的祖传剪纸技艺，然后自己制作出剪纸，这一行为不侵犯王二妞的著作权。

二、皮影戏

皮影戏又称"影子戏"或"灯影戏"，是一种用蜡烛或燃烧的酒精等光源照射兽皮或纸板做成的人物剪影以表演故事的民间戏剧（如图 2-17 所示）。观众在观看皮影戏表演时，一边能看见由民间艺人在白色幕布后操纵的平面人偶表演的灯影，一边能听见民间艺人用当地流行的曲调来唱述故事，同时配以打击乐器和弦乐，具有浓厚的乡土气息。在河南、山西、陕西、甘肃等地农村，这种民间艺术形式很受人们的欢迎。皮影戏属于著作权法中的戏剧作品，著作权法保护的是皮影戏剧情的创作者，表演者如果不是剧情的设计者，则并不享有皮影戏的著作权，只享有表演者权。

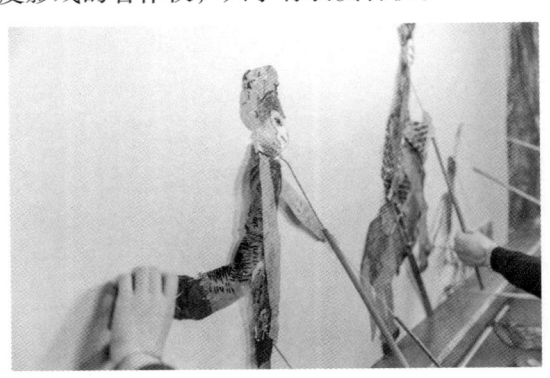

图 2-17　皮影戏

三、东北二人转

东北二人转是在东北地区流行的、具有浓郁地方色彩的民间艺术,至今已有三百多年的发展历史,其语言通俗易懂、幽默风趣,内容十分"接地气"。二人转的表演形式与唱腔非常丰富。在民间流传着"宁舍一顿饭,不舍二人转"的说法,可见二人转在广大群众中受欢迎的程度。东北二人转的表演需要唱、说、做、舞,从著作权法角度讲,东北二人转应属于说唱艺术类的曲艺作品。同样,东北二人转的创作者与表演者享有不同的权利,而作为作品,东北二人转的创作者才享有著作权。

四、传统建筑

中国的建筑艺术源远流长,不同的地域和民族,其建筑艺术风格各有特色。传统建筑的组群布局、空间、结构、建筑材料及装饰艺术等方面既存在差异,也具有一定程度的共同点(如图 2-18 所示)。中国古代建筑的类型主要有宫殿、坛庙、寺观、佛塔、民居和园林建筑等。传统的建筑,如大家熟悉的苏州园林、福建土楼等,均属于作品类型中的民间艺术作品。

图 2-18 传统建筑

第三章　著作权包含哪些权利

桃花村的张翠花、李小红是相声爱好者，她们一起创作完成了一个新相声，并在村里举办各种活动时多次进行了表演，深受大家的喜爱。有一天，张翠花在看电视的过程中发现某电视台播放的电视剧里使用了她们的相声，但没有给她们署名，张翠花觉得该电视剧的制作单位没经过同意就使用她们创作的相声作品，是不对的，但不知道究竟侵犯了她们哪些权利。回答这个问题需要知晓《著作权法》规定的著作权利内容。根据《著作权法》，著作权包括人身权和财产权两类，著作人身权有四项内容，著作财产权有十三项内容。下面我们来了解一下什么是著作人身权和著作财产权，以及著作人身权和著作财产权究竟包含哪些权利。

第一节　著作人身权

著作人身权，是指作者依法享有的以人身利益为内容而无直接财产内容的权利。任何乡村文化作品都与其创作者有着密不可分的"血缘"关系，与作者有关的人身利益为内容的权利受到法律保护，该权利由作者终生享有，不可转让、剥夺和限制。作者死后，该权利一般由其继承人或者法定机构予以保护。

根据《著作权法》第十条，著作人身权包括发表权、署名权、修改权和保护作品完整权。

 **法律规定**

> 《中华人民共和国著作权法》
> 第十条　著作权包括下列人身权和财产权：
> （一）发表权，即决定作品是否公之于众的权利；
> （二）署名权，即表明作者身份，在作品上署名的权利；
> （三）修改权，即修改或者授权他人修改作品的权利；
> （四）保护作品完整权，即保护作品不受歪曲、篡改的权利。

一、发表权

（一）发表权的含义

发表权，即决定作品是否公之于众且在何时何地以何种方式公之于众的权利。著作权人发表作品的目的是让公众了解作品所包含的信息，将作品置于普通公众能够知晓并接触的状态。

一般认为，作品是作者个人思想的延伸，是作者个人智慧的结晶，作者有权选择公开或者不公开。例如，前文提到的张翠花与李小红一起创作完成了相声，她们可以选择公开相声的内容，也可以选择不公开。在村里活动时多次表演的行为，实际上就是公开作品的行为。也就是说，她们对该相声作品行使了发表权。

那么，如何理解"公之于众"呢？是要让大家都知道才算吗？《最高人民法院关于审理著作权民事纠纷案件适用法律若干问题的解释》对此有明确的解释：著作权法第十条第（一）项规定的"公之于众"，是指著作权人自行或者经著作权人许可将作品向不特定的人公开，但不以公众知晓为构成条件。根据这一解释，公众应是不特定的人，且公开的人数上没有限制，只要作者将作品向任何不特定人披露，即认为已行使发表权。例如，如果张翠花将她们创作的相声放在了自己的"抖音"短视频平台上,任何人都可以看到这段相声,此时就已满足"向不特定的人公开",但是,如果她发布的内容除了自己以外没有人看,还属于"公之于众"吗?根据规定,"公之于众"并不以公众知晓为构成条件,也就是说,只要不特定的人能够看到即可,至于有没有人看到并不重要。如果她们只是将这段相声表演给自己的家人看,那么是否属于发表呢?由于她们是向特定的人(家人)表演,因此不符合"公之于众",不能视为发表,此时,如果某电视剧的制作单位未经允许使用了她们的相声并且播出,就侵犯了她们的发表权。

(二) 发表权行使过程中应该注意的地方

著作权人在行使发表权的过程中要注意以下几点。

1. 发表权是只能行使一次的权利。

如果张翠花、李小红多次在公开场合表演自己创作的相声,那么,电视剧使用她们的相声是否会侵犯她们的发表权呢?答案是否定的。作品自创作完成之后,只要以符合法律规定的方式公开,处于为公众所知的状态,发表权就行使完毕。同一作品不存在再次甚至反复行使发表权的情形。也就是说,作者一旦发表了作品,该作品的发表权就穷尽了。

2. 发表权不能够继承。

如果张翠花和李小红创作完成的相声一直没有公开,在两人相继过世后,她们的孩子公开作品是否合法呢?答案是合法的。根据《著作权法实施条例》,作者生前未发表的作品,如果未明确表示不发表,作者死后50年内,其发表权可由继承人或受遗赠人行使,无继承人或受遗赠人的,由原件的合法持有人行使。但是,这并不意味着继承人继承了发表权,因为发表权是人身权,和特定的人不可分离,所以继承人只可以行使发表权,而无法继承发表权。

3. 发表权在法定情况下可以由他人代为行使。

发表权专属于作者,不能转让,通常只能由作者行使。但根据

《著作权法实施条例》，下列情况下，发表权可以由作者以外的人行使。第一，作者身份不明时，发表权由作品原件的所有人行使。第二，作者生前未发表的作品，如果作者未明确表示不发表，作者死亡后50年内，其发表权可由继承人或者受遗赠人行使；没有继承人又无人受遗赠的，由作品原件的所有人行使。第三，著作权（署名权除外）由法人或者非法人组织享有的职务作品，其发表权由该单位行使。

二、署名权

前文提到某电视剧里使用了张翠花和李小红的相声内容，没有给她们署名，是不是侵犯了她们的署名权呢？什么是署名权？署名权，即表明作者身份、在作品中署名的权利。署名权的内容一般包括下列几项：①作者有权要求确认其作者身份。②作者有权决定在作品上署名的方式，如署真名、假名或者不署名等。署假名或者不署名是署名权的行使方式之一，不表明作者没有或者放弃署名权，也不表明没有作者或者作者放弃作者身份。在作者为多人的情况下，署名的方式还包含对署名顺序的安排。③作者有权禁止他人在自己的作品上署名。④他人在使用作者的作品时，应当署上作者的姓名。《著作权法》规定，在一般情况下，使用他人的作品，应当指明作者姓名、作品名称。

根据上述内容，该电视剧使用了张翠花和李小红的相声内容，但没有给她们署名，侵犯了她们的署名权。

三、修改权

修改权，即修改或者授权他人修改作品的权利。修改权的内容包括两方面：①作者有权修改作品或授权他人修改其作品；②作者有权禁止他人未经许可而修改自己的作品。修改权中的"修改"是指对作品所进行的实质性修改，而非单纯的文字性修改。《著作权法》规定，报社、期刊社可对作品作文字性修改、删节，无须征得作者的同意。应注意的是，报社、期刊社只能对作品进行文字性修改、删节，而不能改变作品的基本形式和内容，否则就会涉及作者修改权的问题。

一部作品发表后还可以进行修改吗？例如，张翠花和李小红创作的相声，在表演后，有觉得不满意的地方，还可以进行修改吗？答案是肯定的。修改作品可以是对已发表的作品的修改，也可以是对未发表的作品的修改。随着时间的推移，作者的思想、感情、观点在一定程度上会发生一些变化，为了整个作品更好地呈现，允许作者对其已发表的作品进行修改。

修改权是作者的专有权利，是按照作者的意愿来进行的，一般情况下，他人未经授权而擅自修改作品，是侵犯作者修改权的行为。但也有例外：建筑物的所有人或管理人为了修缮建筑物可以进行必要的修改；著作权人许可他人将其作品摄制成视听作品的，视为已同意对其作品进行必要的改动，但是这种改动不得歪曲、篡改原作品。

应该注意的是，修改权的行使也要受到其他因素的制约。例如，一件乡村艺术作品出售后，著作权人如想修改该作品，则应当征得该乡村艺术作品原件所有人的同意。

四、保护作品完整权

保护作品完整权，即保护作品不受歪曲、篡改的权利。歪曲是指故意改变事实或内容；篡改是指用作伪的手段改动或曲解内容原意。保护作品完整权的本质是防止他人违背作者的意志并且改变作品的内容，破坏作者与作品之间的正确联系。

保护作品完整权包含了两个方面的内容。第一，作品本身改变。这种情形从实质性上改变了作者在作品中原本要表达的思想感情，导致作者声誉受到损害或者内容发生异化。例如，为建设新农村，村里要求美化环境,让小张在墙壁上创作了一幅人物画,画中人物带着幸福的表情,如果有人此时在人物脸上加了黑眼圈还有两行泪,这种修改实质性地改变了作者在作品中原本要表达的思想感情,属于歪曲、篡改作品的行为,侵犯了小张的保护作品完整权。第二,作品本身未改变,但因对作品进行了其他使用,从而损害了作者的声誉。例如,老李的画小有名气,他创作了一幅公益广告宣传画,并且与某日报社广告部约定,由该广告部将其作品以公益广告的形式免费发布,但随后该广告部将这一作品作为商业广告使用并从中获得了一定报酬。该广告部的这一行为虽然没有修改作品本身,但是因未经许可改变了作品的使用方式,从而损害了作者的声誉。该日报社需要承担侵犯老李保护作品完整权的责任。

第二节　著作财产权

财产权又称为经济权利。著作财产权,是指著作权人享有的以特定方式利用作品并获得经济利益的专有权利。所谓"以特定方式利用作品",就是指我国著作权法规定的复制、发行、展览、表演、出租等法定的利用方式。著作财产权的行使方式包括作者对其作品的自行使用和授权他人使用。对于著作权人来说,其著作权的经济利益主要来源于授权他人使用而获得的相应报酬。

例如,桃花村的张翠花、李小红一起创作完成的相声,在村里活动时多次表演,深受大家的喜爱。张翠花发现某电视台播放的电视剧里使用了她们的相声内容,也没有给她们署名,前文已经讲过,电视剧的制作方没有给她们署名,是侵犯了她们的署名权,那么,除了署名权外,电视剧的制作方还侵犯了她们什么权利呢?这就需要弄清楚我国《著作权法》规定的著作财产权有哪些,分别规范什么行为。

 **法律规定**

《中华人民共和国著作权法》

第十条 著作权包括下列人身权和财产权：

（五）复制权，即以印刷、复印、拓印、录音、录像、翻录、数字化等方式将作品制作一份或者多份的权利；

（六）发行权，即以出售或者赠与方式向公众提供作品的原件或者复制件的权利；

（七）出租权，即有偿许可他人临时使用视听作品、计算机软件的原件或者复制件的权利，计算机软件不是出租的主要标的的除外；

（八）展览权，即公开陈列美术作品、摄影作品的原件或者复制件的权利；

（九）表演权，即公开表演作品，以及用各种手段公开播送作品的表演的权利；

（十）放映权，即通过放映机、幻灯机等技术设备公开再现美术、摄影、视听作品等的权利；

（十一）广播权，即以有线或者无线方式公开传播或者转播作品，以及通过扩音器或者其他传送符号、声音、图像的类似工具向公众传播广播的作品的权利，但不包括本款第十二项规定的权利；

（十二）信息网络传播权，即以有线或者无线方式向公众提供，使公众可以在其选定的时间和地点获得作品的权利；

（十三）摄制权，即以摄制视听作品的方法将作品固定在载体上的权利；

（十四）改编权，即改变作品，创作出具有独创性的新作品的权利；

> （十五）翻译权，即将作品从一种语言文字转换成另一种语言文字的权利；
> （十六）汇编权，即将作品或者作品的片段通过选择或者编排，汇集成新作品的权利；
> （十七）应当由著作权人享有的其他权利。

著作财产权的内容具体包括复制权、发行权、出租权、展览权、表演权、放映权、广播权、信息网络传播权、摄制权、改编权、翻译权、汇编权以及应当由著作权人享有的其他权利。

一、复制权

复制权，即以印刷、复印、拓印、录音、录像、翻录、翻拍等一系列数字化方式将作品制作一份或者多份的权利。

复制是对作品最普遍的利用方式。狭义的复制，是指以印刷、照相、复写、影印、录音、录像或其他行为，使复制件与原作品在同一形态的复制。例如，将文书加以手抄、印刷、照相，将绘画加以摹拓，将录音带、录像带加以翻版录制，等等。广义的复制，还包括对作品加以若干改变，即复制件与原作品在形态上不是完全相同，而是具有不同的表现形态，如根据建筑图纸建造建筑物，根据雕刻制作成绘画等。还有现在比较流行的3D打印，就是将一个图形用3D打印机打印出来，形成一个立体的物品。例如，将运动鞋的图纸，通过3D打印技术，并运用特殊材料，打印出一双运动鞋。这种复制并不像我们所理解的那种复印文件的方式，而是一种改变形态的复制，这种复制也属于复制权控制的范围。

那么，演唱一首歌是否构成对这首歌的复制呢？如果将一幅画放在水面上方，倒映在水中的画是不是对这幅画的复制呢？要构成著作权法上的复制行为，需要满足两个条件：①应当在有形物质载体之上再现作品；②固定方式应是相对稳定和持久的。演唱一首歌，并不属于在有形物质载体上再现这首歌，无法构成复制，但是如果把演唱录制下来，就构成对歌曲的复制。倒映在水中的画，一旦把画拿开，就无法再显现，这就是我们经常说的"水中月、镜中花"，这些都是短暂的。只有相对稳定和持久的复制才会产生对复制件的利用，才会涉及著作权人的财产利益，才需要著作权法来进行规范。

二、发行权

发行权，即以出售或者赠与方式向公众提供作品的原件或者复制件的权利。例如，小张从小爱好写作，长大后一直尝试着在小说网站上写小说，其中一部小说被某出版社看中，该出版社与小张签订出版合同时，在合同中注明小张需要将这部小说的复制权、发行权许可或者转让给该出版社，之后，该出版社大量印刷这部小说并将印刷物投入市场。其中，印刷涉及小张的复制权，而将印刷物投入市场则涉及小张的发行权，是将作品的复制件以出售的方式转移给购买者的行为。

发行权主要有以下几个特点：①发行的方式为出售、赠与或者其他转让所有权的方式。出售是最重要的发行方式。②发行的对象为不特定的公众，例如，如果将小说放到书店出售，任何人都可以购买到该小说，这才构成发行。③发行的对象包括作品的原件和复制件。原件的发行量比较少，毕竟原件只有一份，转让给别人后就再也拿不到了，所以，发行的对象一般都是复制件。

如果老李在书店购得一本书后，又把该书放在旧书市场上售卖，这构成发行吗？这个问题涉及"发行权穷竭"原则。"发行权穷竭"原则又称为"首次销售"原则，是指著作权人将作品的原件或复制件提供给公众后，发行权就用尽了，著作权人即失去了对原件或复制件的控制权，此时他人可以自由地再次出售，不构成著作权侵权。前面提到的老李在旧书市场上卖自己买来的书是不侵犯小张的发行权的，因为小张将其小说发行后，发行权就穷尽了。这一规则意味着作品的原件或复印件一旦经著作权人同意进入市场后，该作品作为商品进一步发行，著作权人便无权控制。综上所述，老李的行为不构成侵犯发行权，有权将该书进行转售。

三、出租权

出租权，即有偿许可他人临时使用视听作品、计算机软件的原件或者复制件的权利，计算机软件不是出租的主要标的的除外。

在我国，出租权的对象仅限于视听作品、计算机软件，对于其他作品，著作权人不享有出租权。例如，出租电影、电视剧光碟，就会涉及著作权人的出租权，但是如果出租小说就不存在上述问题。计算机软件不是出租的主要标的时，著作权人不能对其享有出租权。例如，村里老朱想自驾游，在租车行租了一辆越野车，越野车里装有导航系统。老朱在租了这辆越野车的同时也相当于租了导航系统这个计算机软件，那么，该导航系统的著作权人是否有权禁止老朱的租车行为呢？答案是否定的。因为出租的主要对象是越野车，而非导航系统，所以，软件著作权人在这种情况下不享有出租权，其既不能禁止老朱的租车行为，也不能向老朱收取租金。

四、展览权

展览权，即公开陈列美术作品、摄影作品的原件或者复制件的权利。展览，就是公开陈列和展示。展览的地点可以是任何适合公开展示的场所，既可以是美术馆、博物馆、陈列馆，也可以是书店、橱窗、街头、公园等。展览的目的是供不特定的多数人欣赏，如果是仅供家庭或单位内部少数人欣赏，则不构成展览。例如，为建设新农村、美化环境，村里的小张在房屋外的墙壁上绘画，由于墙画是公开展示，且面向不特定的多数人，因此符合展览的要求，属于展览权控制的范围。又如，小张将自己画的一幅画放在自家的堂屋里供家人和宾客欣赏，由于不是面向不特定的多数人，因此并不属于展览权的行使。

只有美术作品和摄影作品的著作权人享有展览权，其他作品没有展览权。著作权人有权将作品自行展览，也可以授权他人展览并获得报酬。展览的作品可以是原件，也可以是复制件。

展览权一般由著作权人享有，但是《著作权法》第二十条规定，作品原件所有权的转移，不改变作品著作权的归属，但美术、摄影作品原件的展览权由原件所有人享有。根据这一规定，谁合法拥有美术作品和摄影作品的原件，谁就可以行使作品的展览权。当然，著作权人对复制件还享有展览权。例如，小杏有一幅美术作品，她将其卖给了小华，小华则享有了该美术作品原件的展览权，但小杏依然享有该美术作品复印件的展览权。

五、表演权

表演权，即公开表演作品，以及用各种手段公开播送作品的表演的权利。表演权中的表演必须以公开的方式面向不特定的多数人进行。表演应征得作品著作权人的许可。但免费表演已发表的作品可以不经著作权人的许可，不向其支付报酬，但应当指出作者的姓名、作品名称。例如，张翠花、李小红对她们一起创作完成的相声享有表演权，这就意味着她们有权自己表演，也可以授权其他人表演，并获得报酬。如果有人没有经过她们的同意就进行表演，则侵犯了她们的表演权，但如果是进行慰问义演等免费表演，则可以不经过她们的许可，并无须支付报酬。

无论是自己表演还是授权他人表演，表演包括现场表演和机械表演两种。现场表演，是指演员直接或者借助技术设备以声音、表情、动作公开再现作品，如在演唱会上演唱、演奏乐曲、朗诵诗词、演说等。例如，张翠花、李小红在某个公开场合现场表演她们一起创作完成的相声。机械表演，是指借助录音机、录像机等技术设备将自然人的表演公开传播，即以机械方式传播作品的表演。例如，有人将张翠花、李小红在某个公开场合现场表演的相声录制下来，然后在村里搞活动时，用大喇叭播放，这就属于机械表演。这一行为涉及张翠花、李小红的表演权，需要获得授权。大家去逛商场、去饭店吃饭时，商场和饭店内播放的音乐，也会涉及著作权人的表演权。

需要进一步明确的是，表演权和表演者权是两个不同的概念。表演权是作品的著作权人所享有的权利，而表演者权是表演作品的人所享有的权利。有时两个权利的主体可能重合。例如，张翠花、李小红表演她们一起创作完成的相声，这时，她们既是著作权人也是表演者，既享有表演权，也享有表演者权。如果张翠花、李小红将她们一起创作完成的相声授权给其他人表演，那么，张翠花、李小红对相声享有表演权，被授权表演的人享有表演者权。

六、放映权

放映权，即通过放映机、幻灯机等技术设备公开再现美术、摄影、视听作品等的权利。在我国，放映权的适用对象包括美术作品、摄影作品、视听作品等能够被放映的作品。放映权的放映要求"公开再现"，个人观看或家庭内部的放映由于并不属于公开展现，因此不涉及放映权。

村里小美创作并拍摄了一部电影《美丽的家乡》，如果在村里放映，是涉及放映权还是表演权呢？如果隔壁村小刘未经小美的同意，将小美的这部电影拿到他们村去放映，是否侵犯了小美的放映权呢？表演权与放映权不同，表演权是公开表演作品和播送作品的表演的权利，放映电影不属于表演作品，也不属于播送作品的表演，因为电影本身就是作品，所以涉及的是放映权。小美对电影享有放映权，小刘未经小美的同意，将小美的这部电影拿到他们村去放映的行为侵犯了小美的放映权。

七、广播权

广播权,即以有线或者无线方式公开传播或者转播作品,以及通过扩音器或者其他传送符号、声音、图像的类似工具向公众传播广播的作品的权利。张翠花、李小红在某个公开场合现场表演她们一起创作完成的相声后,在哪些情况下会涉及她们的广播权呢?

根据《著作权法》,广播权涉及的广播方式有五种情况:①以无线方式公开传播作品;②以有线方式公开传播作品;③以无线方式公开转播作品;④以有线方式公开转播作品;⑤通过扩音器或者其他传送符号、声音、图像的类似工具向公众传播广播的作品。电视台直播或者转播张翠花、李小红创作的相声,网络直播平台播放她们的相声,网络转播电视台播放她们的相声,村里大喇叭广播台播放她们的相声,这些行为都会涉及她们的广播权。

八、信息网络传播权

信息网络传播权,即以有线或者无线方式向公众提供作品,使公众可以在其选定的时间和地点获得作品的权利。对于信息网络传播权的规范,除了《著作权法》以外,《信息网络传播权保护条例》中的规定更为具体。

与广播权不同,信息网络传播权指的是公众可以在自己选定的时间和地点获得作品,如在互联网上阅读小说、观看影片和小视频等,自己想看的时候就随时可以看,而不需要像电视节目,必须在固定的播放时间观看。

是不是所有涉及网络的,与著作权有关的行为都受信息网络传播权控制呢?答案是否定的。根据《信息网络传播权保护条例》,"向公众提供作品"排除了个人之间的传播行为,如个人之间发送电子邮件。同时,该权利只制止未经著作权人许可向公众提供作品的行为，如擅自将作品上传网络。如果是从网络下载小说、电影、音乐等，则属于复制行为，是复制权而非信息网络传播权控制的行为。综上所述，在理解信息网络传播权时有"管上不管下"的说法。以张翠花、李小红表演她们自己创作的相声为例，如果她们将相声上传到网络平台，就属于信息网络传播权控制的行为，如果有人将她们的相声视频下载到自己手机上，或者以邮件的方式传送相声的内容，则属于复制权控制的行为，如果有人在网络上直播她们表演的相声，由于直播不能满足在自己选定的时间观看这一条件，因此不属于信息网络传播权而属于广播权控制的行为。

九、摄制权

摄制权，即以摄制视听作品的方法将作品固定在载体上的权利。

原则上，这项权利适用于一切作品，无论是文字作品，还是音乐、舞蹈作品的作者都享有这项权利。但在实践中，文字作品，口述作品，音乐、戏剧、曲艺、舞蹈、杂技艺术作品，美术作品被拍摄成电影作品和录像制品的机会更多。取得摄制权一般必须同时取得改编权。例如，根据小说拍摄电影，一般应该先将小说改编成电影剧本，制作者再根据电影剧本拍摄电影，这个过程需要同时取得著作权人的改编权和摄制权。

十、改编权

改编权，即改变作品，创作出具有独创性的新作品的权利。

改编必须以原作品为基础并具有独创性，在不改变作品的基本内容的前提下，改变作品的表现形式或用途，创作出具有独创性的新作品。常见的改编方式有将小说改编成适用于演出的剧本或者改编成连环画，将作品扩写、缩写或者改写等。例如，小桃以桃花村发生的一系列故事为基础创作了一部小说《桃花村故事》，某出版社想要将其改编成漫画出版，则该出版社需要获得小桃的改编权。

改编不能侵犯原作品的著作权，不得对原作品进行歪曲和篡改。改编形成的新作品，受原作品著作权和改编者著作权的双重支配。上文中的出版社在获得授权后，将小桃的小说改编成了漫画，此时某游戏公司想要根据该漫画制作一款手游，那么，该游戏公司需要同时获得小桃和该出版社的授权。

十一、翻译权

翻译权，即将作品从一种语言文字转换成另一种语言文字的权利，如将中文译成外文或者少数民族文字。翻译权适用于文字作品、口述作品、视听作品等所有以语言为表现形式的作品。

著作权人享有自行翻译其作品和他人翻译其作品的权利。作者授权他人翻译其作品，一般会限定翻译的语言种类。未经作者授权，他人不得随意将作品翻译成其他语种。例如《阿拉伯传说》一书的作者转让了中文的翻译权给张小红，并不意味着其将该小说英文的翻译权也转让给张小红。

翻译作者对其翻译的作品享有著作权，但其行使著作权时不得损害原作品的著作权。翻译虽然是在原作品的基础上进行再创作，但是翻译必须忠实于原作品，不得侵犯原作品的著作权。由于翻译作品中凝结了原作品与二次创作的双重劳动，在权利上包含了原作者与翻译者的双重利益，因此在保护翻译作者利益的同时，也要保护原作者的著作权。例如，藏族青年小张将本村老刘创作的藏语小说翻译成汉语版本，某出版社想要出版这本汉语小说，就需要同时获得老刘和小张的授权。

十二、汇编权

汇编权，即将作品或者作品的片段通过选择或者编排，汇集成新作品的权利。

与改编不同，汇编并不改变被汇编作品的表现形式，汇编作品的独创性主要体现在其对被汇编作品的选择或者编排上，只有在选择或者编排上具有独创性的作品才能构成著作权法意义上的汇编作品，才能受到著作权法的保护。选择和编排是汇编活动的创作核心，选择和编排方式不应当是唯一或有限的几种，更不应当是常规的方式。例如，村民老李一直致力于收集本民族的民歌，后来其将收集到的民歌汇集形成了民歌集出版，虽然老李对这些民歌不享有著作权，但是由于老李在收集过程中进行了选择、编排等独创性活动，因此他对这本民歌集享有汇编权。

第三节 著作权的保护期限

著作权是法律赋予著作权人的垄断性权利，这种权利如果一直处于垄断状态，从长远来看，并不利于整个社会的文化繁荣。因此，大部分著作权是有保护期限的。

 法律规定

《中华人民共和国著作权法》
第三节　权利的保护期
第二十二条　作者的署名权、修改权、保护作品完整权的保护期不受限制。
第二十三条　自然人的作品，其发表权、本法第十条第一款第（五）项至第（十七）项规定的权利的保护期为作者终生及其死亡后五十年，截止于作者死亡后第五十年的12月31日；如果是合作作品，截止于最后死亡的作者死亡后第五十年的12月31日。

> 法人或者非法人组织的作品、著作权（署名权除外）由法人或者非法人组织享有的职务作品，其发表权的保护期为五十年，截止于作品创作完成后第五十年的 12 月 31 日；本法第十条第一款第（五）项至第（十七）项规定的权利的保护期为五十年，截止于作品首次发表后第五十年的 12 月 31 日，但作品自创作完成后五十年内未发表的，本法不再保护。
>
> 视听作品，其发表权的保护期为五十年，截止于作品创作完成后第五十年的 12 月 31 日；本法第十条第一款第（五）项至第（十七）项规定的权利的保护期为五十年，截止于作品首次发表后第五十年的 12 月 31 日，但作品自创作完成后五十年内未发表的，本法不再保护。

一、署名权、修改权与保护作品完整权无保护期限

著作人身权中的署名权、修改权、保护作品完整权的保护期不受限制。作者死亡后，其继承人或受遗赠人虽不能继承这些权利，但可以保护其不受侵害。例如，翠花的祖父生前曾创作了一首脍炙人口的歌谣，在周边十里八村广为流传，有一天，翠花发现某电视剧里出现了这首歌谣，却从头到尾没有注明祖父的名字，那么，翠花的父亲是否有权提起诉讼呢？答案是肯定的。翠花的父亲作为继承人有权提起诉讼保护作者的署名权。

二、发表权及著作财产权的保护期限

著作人身权中的发表权及著作财产权有保护期限。自然人的作品：发表权和著作财产权的保护期为作者终生及其死亡后 50 年，截止于作者死亡后第 50 年的 12 月 31 日；如果是合作作品，发表权和著作财产权截止于最后死亡的作者死亡后第 50 年的 12 月 31 日。

法人或者非法人组织的作品、著作权（署名权除外）由法人或者非法人组织享有的职务作品、视听作品：发表权的保护期为50年，截止于作品创作完成后第50年的12月31日；著作财产权的保护期为50年，截止于作品首次发表后第50年的12月31日，但作品自创作完成后50年内未发表的，不再受《著作权法》保护。

总的来说，著作权人作品的署名权、修改权和保护作品完整权是永远存在的，但是其他权利却是有时间限制的。如果著作权人是自然人，那么其保护期限就是作者终生加上其死后的50年。如果著作权人是公司、合伙企业等组织，那么发表权是从创作完成之日起保护50年，财产权是从发表之日起保护50年。所有的50年都是计算到第50年的12月31日。

例如，村民小张对自己的美术作品享有著作权，其中，署名权、修改权和保护作品完整权永远存在，发表权和复制权、展览权等著作财产权是小张终生加上其死后的50年。无论死亡的具体时间是什么时候，都计算到死亡后第50年的12月31日。假设小张死于2012年10月25日，那么，其发表权和著作财产权的保护截止于2062年12月31日，如果小张死于2012年1月25日，其发表权和著作财产权的保护同样截止于2062年12月31日。

第四章　谁享有著作权

第一节　哪些人可以享有著作权

村里的二丫是一个竹编巧手,在一次竹编大赛上,二丫的竹编作品获了奖,那么,从二丫完成这个竹编作品时,二丫就对这个竹编作品享有了著作权。这里,二丫是作为这个竹编作品的作者而享有著作权,是一个自然人,那么组织这个比赛的组织者或者单位是否对该竹编作品享有著作权呢?在著作权中,享有著作权的"人"不只是自然人,还有其他一系列规定。接下来,我们根据著作权人的分类来说一说享有著作权的是哪些人。

一、著作权主体的分类

享有著作权的人称为著作权人,也可以称为著作权主体。著作权主体是什么呢?著作权法所保护的主体,是指依法对文学、艺术、科学作品享有著作权的人。著作权的主体涉及两个问题,谁是作者与谁是著作权人。在实践中,明确了著作权主体,也就明确了谁享有著作权,谁可以受到著作权法的保护。

 法律规定

《中华人民共和国著作权法》
第九条　著作权人包括:
(一)作者;

> （二）其他依照本法享有著作权的自然人、法人或者非法人组织。
>
> **第十一条** 著作权属于作者，本法另有规定的除外。
>
> 创作作品的自然人是作者。
>
> 由法人或者非法人组织主持，代表法人或者非法人组织意志创作，并由法人或者非法人组织承担责任的作品，法人或者非法人组织视为作者。
>
> **第十二条** 在作品上署名的自然人、法人或者非法人组织为作者，且该作品上存在相应权利，但有相反证明的除外。

英子从小生活在张家村，晚年时，她以家乡的妇女形象为主，结合家乡的发展变化，写了一本小说《乡村小事儿》。结合这个例子，我们来讨论一下著作权主体的分类。根据不同的划分标准，著作权主体主要有以下三种分类。

（一）按照著作权主体的自然属性划分，可分为自然人、法人、非法人组织和国家

根据《著作权法》第九条，著作权人包括：作者；其他依照该法享有著作权的自然人、法人或者非法人组织。法律规定的著作权人包括自然人、法人、非法人组织。自然人，是指基于自然出生而依法享有民事权利和承担民事义务的个人，包括小说家、剧作家、作曲家、画家、建筑设计师等。法人，是指具有民事权利能力和民事行为能力，依法独立享有民事权利和承担民事义务的组织，包括各种公司等。非法人组织，是指不具有法人资格，但是能够依法以自己的名义从事民事活动的组织，包括合伙、无法人资格的各类单位等。英子是自然人，在将《乡村小事儿》创作完成后就对该小说享有了著作权。

国家也能成为著作权主体，主要有三种情形。第一，购买。以国家的名义购买后由国家享有著作权。第二，接受赠送。由享有著

作权的人将权利赠送给国家。例如,英子在创作完成《乡村小事儿》后,将自己对该小说享有的著作权赠送给国家,此时国家就以接受赠送的方式成了著作权的主体。第三,依法享有。根据《著作权法》第二十一条,著作权属于法人或者非法人组织的,法人或者非法人组织变更、终止后,没有承受其权利义务的法人或者非法人组织的,由国家享有。

(二)按照著作权的取得方式划分,可分为原始主体和继受主体

原始主体是指在作品创作完成后,直接根据法律的规定或合同的约定而享有著作权的人,一般是自然人,特殊情况下还包括法人、非法人组织。继受主体是指根据法律的规定或合同约定的方式,从原著作权人处获得著作权的人,包括转让、继承或者法律允许的其他方式。英子完成小说《乡村小事儿》的创作,其根据法律直接享有著作权,为该小说著作权的原始主体。但如果英子由于某种突发疾病去世,此时该小说的部分著作权就可以由其丈夫强子继承,强子成为该小说著作权的继受主体。

(三)按照享有的著作权的完整程度划分,可分为完整的著作权主体与部分的著作权主体

完整的著作权主体是指对其创作的作品享有全部著作人身权与著作财产权的人。依照法律规定,作者人身权不能转让,所以通过转让、继承、遗赠等方式取得的著作权只享有著作财产权而不享有著作人身权,因转让、继承、遗赠的方式而取得著作权的主体为部分的著作权主体。我们再来看第二种分类中关于强子继承英子的小说《乡村小事儿》著作权的情形,英子在享有著作权时是享有作品的全部著作人身权与著作财产权,因此是完整的著作权主体。强子在继承后,只对小说享有著作财产权,因此属于部分的著作权主体。

二、作者

根据《著作权法》第十一条,除另有规定外,著作权属于作者。

创作作品的自然人是作者。这里的自然人完成创作即享有著作权，无论其是成年人还是未成年人，是普通人还是精神病人，是专门从事文学、艺术工作的创作者或者科学技术领域的专业人员，还是从事其他职业的非专业创作人员，只要某人创作了作品，他就是该作品的作者，就依法对自己创作的作品享有著作权。

根据《著作权法》第十一条，成为作者应当具备一定的条件：首先，作者原则上是具有思维能力的自然人，特殊情况下可以是法人或者非法人组织；其次，作者必须实际从事了创作活动，并由创作活动产生了作品。在著作权主体中，作者是原始主体，他们对自己创作的作品所享有的著作权不可被非法剥夺，不会因为自身受到惩罚而丧失或者被剥夺著作权。例如，铁柱因犯盗窃罪被判刑，并被剥夺政治权利，但他对自己依法创作的作品仍享有著作权，并不因他受到刑事处罚而丧失其著作权。在实践中，作者的认定一般实行推定原则，即无相反证明，推定在作品上署名的自然人、法人或者非法人组织为作者。

根据上述法律规定及相关分析，我们来讨论一下本节开头案例中应由谁享有该获奖竹编的著作权。首先，二丫是该竹编的作者。其次，该竹编的产生是因为竹编大赛，竹编大赛的组织者是该竹编作品创作的主持者。一般情况下，由作者二丫享有该竹编的著作权，在特殊情况下，竹编大赛的组织者也可能成为该竹编的著作权主体，比如该组织者在大赛前与参赛者签订协议，约定在该竹编大赛中产生的所有竹编作品的著作权由其享有。

第二节　单位成为著作权人的情形

张二在镇里的杂志社工作，主要负责乡村自然风光的采景。该杂志社想要出版一期杂志宣传张家村，便指派张二负责该项工作并提供相机及差旅补贴等，最后杂志上刊登了张二拍摄的张家村特色村巷、农业梯田、手工折扇等极具乡村特色的照片。张二拍摄的照片属于摄影作品,该杂志社在杂志中直接使用张二拍摄的照片是否侵犯了张二的著作权呢?该杂志社可以对这些照片享有著作权吗?下面我们将分析单位是否可以成为著作权人。

根据《著作权法》,单位可以成为著作权人。单位取得著作权的方式有以下两种。

一、基于法律规定取得著作权

 法律规定

> 《中华人民共和国著作权法》
>
> **第十一条** 由法人或者非法人组织主持,代表法人或者非法人组织意志创作,并由法人或者非法人组织承担责任的作品,法人或者非法人组织视为作者。
>
> **第十七条** 视听作品中的电影作品、电视剧作品的著作权由制作者享有。
>
> **第十八条** 自然人为完成法人或者非法人组织工作任务所创作的作品是职务作品。
>
> 有下列情形之一的职务作品,作者享有署名权,著作权的其他权利由法人或者非法人组织享有,法人或者非法人组织可以给予作者奖励:
>
> (一)主要是利用法人或者非法人组织的物质技术条件创作,并由法人或者非法人组织承担责任的工程设计图、产品设计图、地图、示意图、计算机软件等职务作品;
>
> (二)报社、期刊社、通讯社、广播电台、电视台的工作人员创作的职务作品;
>
> (三)法律、行政法规规定或者合同约定著作权由法人或者非法人组织享有的职务作品。

单位基于法律规定直接取得著作权，主要包括下列三种情况。

（一）法人作品

《著作权法》第十一条规定：由法人或者非法人组织主持，代表法人或者非法人组织意志创作，并由法人或者非法人组织承担责任的作品，法人或者非法人组织视为作者。这一规定意味着在我国，单位可以直接成为作者，获得完整的著作权。单位是组织，而创作应该是有血有肉的人的行为，怎么能成为作者呢？在这里，需要将作者和创作者分开来看。例如，某公司通过自主研发，推出了一款软件，该过程靠个人是无法完成的，需要组建一个团队，通过运用公司所提供的物质条件，以公司的名义发布和运作来完成。这时，著作权人应该是谁呢？很显然应该是公司，而具体的研发人员可以通过工资、奖金等方式获得补偿，但不能享有该软件的著作权。

（二）视听作品

《著作权法》第十七条规定，视听作品中的电影作品、电视剧作品的著作权由制作者享有。这里的制作者并非大家看到电影或电视剧片头中的"制片人：某某某"，而是出品这一视听作品的法人或者非法人组织。

（三）著作权由单位享有的职务作品

根据《著作权法》第十八条，在特定情形下的职务作品，作者享有署名权，著作权的其他权利由法人或者非法人组织享有，法人或者非法人组织可以给予作者奖励。这些情形包括：主要是利用单位的物质技术条件创作，并由单位承担责任的工程设计图、产品设计图、地图、示意图、计算机软件等职务作品；报社、期刊社、通讯社、广播电台、电视台的工作人员创作的职务作品；法律、行政法规规定由法人或者非法人组织享有的职务作品。

二、基于合同约定取得著作权

法律规定

《中华人民共和国著作权法》

第十九条 受委托创作的作品,著作权的归属由委托人和受托人通过合同约定。合同未作明确约定或者没有订立合同的,著作权属于受托人。

第十条 著作权人可以全部或者部分转让本条第一款第五项至第十七项规定的权利,并依照约定或者本法有关规定获得报酬。

单位可以通过合同约定获得著作权,主要包括委托作品和著作权的转让。在委托作品中,委托人可以通过合同约定,向受托人支付劳务费,从而获得著作权。这里的委托人可以是单位,单位可以和受托人通过合同约定享有著作权。著作权的转让是权利人获得经济利益的重要方式。如果著作权人将作品的著作权转让给单位,那么,单位就成了著作权人。

综上所述,我们回到本节开头的案例中。张二是该杂志社的工作人员,其拍摄照片是为了完成杂志社所安排的工作任务,因此张二拍摄的照片属于职务作品。职务作品有的著作权人是自然人,有的著作权属于单位。那么,这组照片的著作权人应该是张二还是杂志社呢?根据《著作权法》第十八条第二项,报社、期刊社、通讯社、广播电台、电视台的工作人员创作的职务作品的著作权归属于单位,作者只享有署名权。因此,除了署名权,这些作品的著作权应归属于该杂志社。该杂志社只要在使用这些作品时署上了张二的名字,其行为就没有侵犯张二的权利。

第三节 职务作品

李富贵是县委宣传部的工作人员,主要负责对新农村建设工作进行宣传,其拍摄了大量有关农村新风气、新气象的照片,这些照片在县委做宣传工作时被使用。两个月后,李富贵发现某杂志上使用了这些照片,照片上虽然有他的署名,但是他从来没有收到过任何通知和报酬,后来他要求该杂志社向其支付报酬,但该杂志社却声称这些照片是县委向其免费提供的,李富贵无权要求其支付报酬。那么,李富贵是否有权要求该杂志社支付报酬呢?回答这个问题首先需要明确这些照片的著作权人是谁,是李富贵还是县委呢?这就涉及一个概念——职务作品。下面结合该例讨论职务作品的著作权归属问题。

一、职务作品的概念

(一)职务作品的含义

职务作品是指自然人为完成法人或者非法人组织工作任务所创作的作品。李富贵为完成县委领导布置的工作任务而拍摄的照片就属于职务作品。

(二)职务作品的特征

1. 创作者与单位之间具有劳动关系或雇佣关系。劳动关系或雇佣关系是职务作品建立的基础,创作者能够定期从单位获得报酬。劳动关系的存在,是职务作品区别于委托作品的重要特征。

2. 职务作品的创作目的是创作者为完成单位交付的工作任务。单位的工作任务,既包括长期的经常性任务,也包括短暂的临时性任务。例如,记者或编辑为所在的报社采写的新闻报道就属于职务作品。

前文中李富贵与县委之间存在劳动关系,其拍摄的照片属于县委布置的工作任务。综上所述,李富贵拍摄的照片符合职务作品的上述特征。

在认定职务作品时,我们应注意,如果作者是某一单位的职员,但其作品与完成工作任务无关,则该作品不能视为职务作品。如果李富贵是摄影爱好者,他平时喜欢拍摄关于农村新气象的照片,并拿给县委在宣传时使用,这些照片就不属于职务作品。

二、职务作品的著作权归属

职务作品分为一般职务作品和特殊职务作品两类,职务作品的著作权归属也分为两种情况:一般职务作品的著作权归属和特殊职务作品的著作权归属。

(一)一般职务作品的著作权归属

一般职务作品的著作权由作者享有,但其工作单位有权在其业务范围内优先使用。

 法律规定

《中华人民共和国著作权法》

第十八条 自然人为完成法人或者非法人组织工作任务所创作的作品是职务作品,除本条第二款的规定以外,著作权由作者享有,但法人或者非法人组织有权在其业务范围内优先使用。作品完成两年内,未经单位同意,作者不得许可第三人以与单位使用的相同方式使用该作品。

根据法律规定,一般职务作品的著作权由作者享有,但法人或者非法人组织有权在其业务范围内优先使用,不需要取得著作权人的许可,也不需要向其支付报酬。优先使用权是法律赋予法人或者非法人组织的权利,但不是著作权,可以将其看作是对作者享有的著作权的限制。作品完成两年内，未经单位同意，作者不得许可第三人以与单位使用的相同方式使用该作品。经单位同意，作者许可第三人以与单位使用的相同方式使用该作品所获得的报酬，由作者与单位按约定的比例分配。

（二）特殊职务作品的著作权归属

特殊职务作品的著作权归属是作者享有署名权，著作权的其他权利由单位享有。

法律规定

《中华人民共和国著作权法》

第十八条　有下列情形之一的职务作品，作者享有署名权，著作权的其他权利由法人或者非法人组织享有，法人或者非法人组织可以给予作者奖励：

（一）主要是利用法人或者非法人组织的物质技术条件创作，并由法人或者非法人组织承担责任的工程设计图、产品设计图、地图、示意图、计算机软件等职务作品；

（二）报社、期刊社、通讯社、广播电台、电视台的工作人员创作的职务作品；

（三）法律、行政法规规定或者合同约定著作权由法人或者非法人组织享有的职务作品。

上述的职务作品的特殊之处在于，作者在创作的过程中不仅依赖个人的职业能力，还依赖单位的资金、设备等物质条件。单位享有作品带来的效益和承担作品带来的风险，因此作者的著作权就要受到限制，即其只享有署名权，其他著作权则由单位享有。

那么，李富贵作为县委工作人员受县委指派拍摄的照片是属于一般职务作品还是特殊职务作品呢？李富贵在拍摄照片时并没有利用县委的物质技术条件来进行创作，其作品不属于图形作品、计算机软件等，其也不属于媒体工作人员，因此这些照片属于一般职务作品，著作权归属于李富贵。县委有权在进行宣传时免费使用这些照片，但是无权授权他人使用。同样在两年内，李富贵无权授权其他单位使用这些照片进行宣传。李富贵有权要求该杂志社支付报酬，所获报酬应与县委协商分配。

第四节 委托作品

张家村村委会牢固树立为人民服务的理念，并结合当地文化传承，一致认为可以在办事大厅挂上一幅带有"为人民服务"字样的民间刺绣。于是，村委会主任找到了当地颇有名气的刺绣高手秀花，委托她完成刺绣，并支付了一定的报酬。两周后，秀花完成了刺绣作品。那么，该刺绣作品属于哪类作品，其著作权应该归谁呢？下面结合该例讨论委托作品的著作权归属问题。

一、委托作品的概念

（一）委托作品的含义

委托作品是指受托人根据委托人的委托创作的作品，委托人按照合同约定向受托人支付报酬，由受托人接受委托人的委托进行创作。委托作品由受托人创作，委托人并不参与创作。

（二）委托作品的特征

1. 委托作品不完全是按照作者个人的自由意志进行创作的，会受到委托人要求的约束。受托人把委托人的要求以作品的形式呈现出来，作品要表现出委托人所想表达的思想、情感，但是委托人并不参与作品的实际创作。

2. 委托作品一般不是由本单位职工为完成本职工作而创作的。秀花受村委会的委托并按照村委会的要求完成了刺绣作品，该刺绣作品是按照村委会的意志创作的，秀花并非是村委会的工作人员，二者之间不存在劳动关系，且该刺绣作品符合委托作品的定义与特征。综上所述，该刺绣作品属于委托作品。

二、委托作品的著作权归属

上述例子中的刺绣作品是村委会委托秀花完成的，那么，该刺绣作品的著作权应该归谁呢？下面我们将对委托作品的著作权归属进行讨论。

 法律规定

> 《中华人民共和国著作权法》
> 第十九条 受委托创作的作品，著作权的归属由委托人和受托人通过合同约定。合同未作明确约定或者没有订立合同的，著作权属于受托人。

根据法律规定，委托作品的著作权归属分为两种情况：一是委托作品的著作权归属由委托人和受托人通过合同约定，即著作权可以由委托人享有，也可以由受托人享有；二是合同没有约定或者约定不明的，著作权由受托人享有。委托作品著作权属于受托人的，委托人在约定的使用范围内享有使用作品的权利，双方没有确定作品使用范围的，委托人可以在委托创作的特定目的范围内免费使用该作品。

根据上述规定，"为人民服务"刺绣的著作权归属也要视情况而定，如果委托人村委会与受托人秀花通过合同约定该刺绣作品著作权归属的，按照其约定；如果村委会与秀花没有通过合同约定或者约定不明的，该刺绣作品的著作权由秀花享有，村委会可以在委托创作的特定目的范围内免费使用该刺绣作品。

第五节　合作作品

张家村的二妞、素芬和小二三人制作的土陶瓷各有特点，后来三人准备一起制作一个土陶瓷，由二妞制坯、素芬刻花、小二施釉，在制作时，翠花对于刻花的样式给出了一定的意见，陶罐最终完成。有位陶瓷爱好者希望买下该陶罐及其著作权，而二妞、素芬、小二和翠花就是否出售该陶罐及其著作权产生了意见分歧。那么，该陶罐的著作权应该归谁呢？二妞、素芬、小二就该陶罐的处置所产生的分歧要如何解决呢？下面结合该例讨论合作作品的著作权归属问题。

一、合作作品的概念

（一）合作作品的含义

合作作品是指两个或者两个以上的具有创作合意的人共同完成的作品。

《著作权法》规定的合作作品较为广泛，包括可分割使用的合作作品和不可分割使用的合作作品，但在决定一个作品是否为合作作品时，该作品可不可分割使用并不重要，关键是创作作品的作者是否合意将各自的思想、情感融入了一个作品中。

（二）合作作品的特征

1. 创作者为两人或两人以上。合作作品的创作者可以是两个以上的自然人，或者自然人与法人或者非法人组织，或者两个以上的法人或者非法人组织。

2. 有共同创作的意思表示。合作作品的创作者具有共同创作同一作品的主观合意，存在事实上相互合作的关系。

3. 有合作创作的事实。合作作品从构思到创作过程中的各种具体活动，合作作者都直接投入了智力劳动，做出了实质性的贡献。

由于该陶罐由二妞、素芬、小二三人共同创作,二妞等人具有共同创作的意愿,且具有共同创作的行为事实,因此该陶罐属于合作作品。

二、合作作品的著作权归属

既然上述的陶罐属于合作作品,那么它的著作权归谁呢?

 法律规定

> 《中华人民共和国著作权法》
> 第十四条 合作作品的著作权由合作作者通过协商一致行使;不能协商一致,又无正当理由的,任何一方不得阻止他方行使除转让、许可他人专有使用、出质以外的其他权利,但是所得收益应当合理分配给所有合作作者。
> 合作作品可以分割使用的,作者对各自创作的部分可以单独享有著作权,但行使著作权时不得侵犯合作作品整体的著作权。

根据《著作权法》,合作作品的著作权属于全部合作作者。由于二妞、素芬、小二具有共同创作的意思与创作事实,因此该陶罐的著作权属于三人共同所有。没有参加创作的人,不能成为合作作者。由于翠花仅给出了刻花样式的意见,并没有实际参加创作,因此翠花不是合作作者,不能享有著作权。

二妞、素芬、小二对是否出售陶罐的著作权产生分歧要如何解决呢?根据《著作权法》,合作作品的著作权由合作作者通过协商一致行使;不能协商一致,又无正当理由的,任何一方不得阻止他方行使除转让、许可他人专有使用、出质以外的其他权利,但是所得收益应当合理分配给所有合作作者。例如,在该陶罐完成后,某杂志社希望将其拍摄后作为杂志封面,二妞和小二同意,而素芬不同意,此时,因为二妞和小二只是许可该杂志社复制作品,所以,素芬无正当理由不能阻止,但是可以获得报酬。出售作品的著作权属于转让行为,必须经全体合作作者同意,二妞、素芬、小二就该陶罐的处置所产生的分歧,可经多次协商,若仍不能协商一致,则不能出售。

合作作品可以分割使用的,作者对各自创作的部分可以单独享有著作权,但行使著作权时不得侵犯合作作品整体的著作权。例如,一首歌曲的词和曲,合作作者就各自创作的部分可以分别享有著作权。

第六节 演绎作品

英子结合家乡的发展变化完成了小说《乡村那些事儿》,该小说讲述了乡村女性的故事,彰显出了张家村的民风民俗。在村里一年一度的村文艺演出到来之际,大牛把该小说改编为剧本,并表演了一出皮影戏。那么,该剧本的著作权属于谁呢?下面结合该例讨论演绎作品的著作权归属问题。

一、演绎作品的概念

演绎作品是指改编、翻译、注释、整理已有作品而产生的作品,又称为派生作品。

演绎形式分为四种:改编、翻译、注释、整理。改编是演绎作品最主要的一种形式,主要是指在原作品的基础上,通过改变形式创作出具有独创性的新作品,如将小说改编为影视剧本;翻译是指将原作品从一种语言文字翻译为另一种语言文字,如将英文小说翻译为中文小说;注释是指使用文字、符号、图片等多种形式,对书籍或文章的语汇、内容、背景、引文等文学字句进行解释,使表达方式通俗化;整理是指对内容零散、层次不清的已有文字作品或者材料进行条理化、系统化的加工。

大牛表演的剧本是根据英子的小说《乡村那些事儿》改编的,属于演绎作品中的改编作品。

二、演绎作品的著作权归属

(一)演绎作品的著作权

演绎行为是演绎作品完成的基础,是演绎作者的创造性劳动。演绎作品的著作权即改编、翻译、注释、整理人对因演绎行为而产生的新作品所享有的独立的著作权。

 法律规定

> 《中华人民共和国著作权法》
> 第十三条 改编、翻译、注释、整理已有作品而产生的作品,其著作权由改编、翻译、注释、整理人享有,但行使著作权时不得侵犯原作品的著作权。
> 第十六条 使用改编、翻译、注释、整理、汇编已有作品而产生的作品进行出版、演出和制作录音录像制品,应当取得该作品的著作权人和原作品的著作权人许可,并支付报酬。

(二)演绎作品的著作权行使

针对演绎作品的著作权行使,需要注意以下问题。

1. 演绎作品的作者对演绎作品享有的权利。演绎作品的作者是在原作品的基础上进行再创作,该创作行为具有独创性,可以构成演绎作品而获得著作权法的保护。

2. 原作品的作者对演绎作品享有的权利。根据《著作权法》第十三条,改编、翻译、注释、整理人对演绎作品享有著作权,但在行使著作权时,不得侵犯原作品的著作权。例如,演绎作者应当在演绎作品上注明原作品的名称、原作者的姓名,尊重原作品的内容,不得歪曲、篡改原作品等。进行演绎时应征得原作品著作权人的同意,需要保护原作品的完整性,否则需要承担侵权责任。

3. 第三人使用演绎作品的条件。根据《著作权法》第十六条,第三人使用演绎作品时应当经演绎作品的著作权人和原作品的著作权人许可。演绎作品既包含了原作品著作权人的独创性劳动,也包含了演绎作品著作权人的智慧结晶,第三人在对演绎作品进行利用或进行再演绎时,应取得原作者和演绎作者的双重许可。

综上所述,我们来分析大牛表演的皮影戏剧本著作权的归属问题。大牛表演的剧本属于演绎作品,其著作权归属于改编人大牛,但是,大牛在行使著作权时不得侵犯原作品著作权人英子的著作权,包括署名权,即大牛应当在该剧本上注明原作品《乡村那些事儿》的名称、原作品作者英子的姓名,且大牛还应尊重原作品的内容,不得歪曲、篡改原作品等。如果其他人需要使用该剧本,就需要同时征得大牛和英子的同意,并且支付报酬。

第七节 著作权登记

一、著作权的取得方式

著作权人在什么条件下可以获得著作权,对此各个国家所采取的原则各不相同,主要有自动取得原则、注册登记取得原则和加注著作权标记取得原则三种。

(一) 自动取得原则

自动取得原则也称为自动保护原则,是指著作权因作品创作完成这一法律事实而自然取得。作品一经完成,著作权即自动产生,无须履行任何手续。自动取得原则是世界上大多数国家实行的原则,其优点在于,作品可以及时获得保护。

世界上大多数国家都采取自动取得原则的重要原因是《伯尔尼公约》第三条第一款规定,根据本公约,为本联盟任何一成员国公民的作者,其作品无论是否发表,应受到保护。因此,一旦加入该公约,为和公约的规定保持一致,没有采取这一原则的国家也修改了自己国家的相关规定,采取自动取得原则。

(二) 注册登记取得原则

注册登记取得原则是指以注册登记作为取得著作权的条件,即作品在创作完成后,需要进行注册登记才享有著作权。注册登记取得原则在我国历史上曾出现过,例如《大清著作权律》中的规定。世界上第一部真正意义上的著作权法《安娜女王法》也规定了以登记作为取得著作权的条件。实行注册登记取得原则,可以明确、有效地确认著作权和进行诉讼取证,有利于保护著作权人的合法权益,但是,由于注册登记取得原则并不能充分保护那些未及时进行注册登记的作品,因此很多国际公约并未采取这一原则。

(三) 加注著作权标记取得原则

有些国家对未发表作品不要求履行任何手续,即可享有著作权,对已发表作品则要求加注专用的著作权标记,才能取得保护。例如,根据美国的相关规定,著作权标记是取得著作权保护的一个前提条件,所有出版物均应在醒目的位置上刊登著作权标记©、作者或其他著作权人的姓名、作品出版年月。但是有些不方便加注标记的,如美术作品、建筑作品等,则一般不要求在这类作品上加注著作权标记。

二、我国的著作权取得方式

《著作权法》第二条第一款规定,中国公民、法人或者非法人组织的作品,不论是否发表,依照本法享有著作权。我国著作权法采取自动取得原则,作品一经创作完成即自动取得著作权。这里的创作完成与作品是否全部完成无关,只要创作者的构思或思想已经完整表达出来即可。例如，2021年1月，秀花设计了一份主题为十里桃花的绣花扇草图，同年4月，秀花完成了该绣花扇的制作，并署上了自己的名字。在秀花完成该绣花扇时，就对该绣花扇取得了著作权。同年3月，翠花看到了秀花绣花扇的草图以及绣出大体轮廓的绣花扇，就找人大量仿制了十里桃花绣花扇并出售，该行为是否构成著作权侵权？根据自动取得原则，即使秀花没有制作完成绣花扇，但由于其构思和思想已经在草图和成品大体轮廓中完整表达，因此秀花同样对十里桃花绣花扇享有著作权，翠花的行为构成著作权侵权。

采取自动取得原则，并非意味着完全排除注册登记和加注著作权标记两种方式。

我国在图书出版上，一直要求加注著作权标记。很多公司和媒体会在自己的图片或是视频上加注"©（copyright reserved）"标识或版权声明，以此主张其对作品所享有的著作权。常见的版权声明有"All Rights Reserved""版权所有，违者必究""本网所有内容文字、图片和音视频资料，版权均属……违者本网将依法追究责任"等。加注著作权标记在国际上具有重要意义。我国既是《世界版权公约》的成员国，也是《伯尔尼公约》的成员国，有的国家只是《世界版权公约》的成员国，而不是《伯尔尼公约》的成员国，如果我国作者的作品在这些国家出版，就需要在作品上加注著作权标记，否则在这些国家就会丧失著作权保护。

著作权登记虽然不是取得著作权的前提条件，但是可以在侵权诉讼中证明作品的著作权归属。为了加强对著作权的保护，国家版权局于1994年发布了《作品自愿登记试行办法》。该办法指出，作品实行登记有助于解决因著作权归属造成的著作权纠纷，并为解决著作权纠纷提供初步证据。尽管著作权登记不是我国取得著作权的必经程序和要求，但其具有权利公示和作为初步证据使用的效力，特别是对于计算机软件的著作权登记，其作用和意义不可忽视。

三、我国的作品著作权登记

作品著作权登记是证明权属、保障交易、定分止争的重要手段，在社会生活中发挥着重要作用。那么，如何申请作品著作权登记呢？

（一）作品登记机关

作品登记机关是国家版权局和各省、自治区、直辖市版权局。各省、自治区、直辖市版权局负责本辖区的作者或其他著作权人的作品登记工作。国家版权局负责外国以及香港和澳门特别行政区、台湾地区的作者或其他著作权人的作品登记工作。除版权局外，办理机构也可以进行著作权登记业务。办理机构是部分作品登记机关为方便著作权人，提高公共服务效率，委托办理作品登记业务的机构。著作权人可以按照《作品自愿登记试行办法》和各办理机构受理作品登记申请的要求，直接到办理机构（无办理机构的可到登记机关）申请作品登记。各作品登记机关出具的作品登记证书均为国家版权局统一监制，加盖由各登记机关单位名称和作品自愿登记专用章字样组成的印章，具有同等效力。此处所称作品为除计算机软件以外的各类作品，计算机软件的著作权登记按《计算机软件著作权登记办法》执行。

（二）作品著作权登记所需材料

申请作品著作权登记需要提交的材料：

（1）作品著作权登记申请表（见附录二），内容包括：作品名称、作品类别、作者姓名或名称、作品署名、作品创作性质、创作制作完成日期、发表状态、权利状况说明、存留样本、申请人信息、代理人信息等；

（2）申请人身份证明文件（个人申请者及创作人员提供身份证复印件、单位申请者提供营业执照副本复印件）；

（3）权利归属证明文件（个人作品不需要提供该项）；

（4）委托他人代为申请时，代理人应提交申请人的授权书（代理委托书）及代理人身份证明文件；

（5）作品样本（文字作品提供创作稿；美术、摄影作品提供照片2张；工程产品设计图纸提供三视图、效果图或实物照片等）。

（三）作品著作权登记流程及费用

申请人办理作品著作权登记，分为线上申请和线下申请两种方式。线下申请就是直接到各办理机构的版权登记大厅办理，或者通过邮寄提交登记申请所需材料的方式办理。

作品著作权线下登记的办理步骤：申请人提交登记申请材料—登记机构接收材料—通知申请人缴费—申请人缴纳登记费用—登记机构受理、审查申请材料—制作发放登记证书—网站公告。登记机构受理登记申请后30个工作日内办理完成。需要补正材料的，申请人自接到补正通知书后60日内完成补正，登记机构自收到符合要求的补正材料后30个工作日内办理完成。

线上申请就是登录办理机构的官方网站，进行线上申请。作品著作权线上登记流程按各办理机构要求办理即可。

申请人办理作品著作权登记申请应按规定缴纳费用。

第八节　乡村文化作品的著作权保护

加强乡村文化作品著作权保护十分重要，应予以足够的重视。以山东潍坊市寒亭区的木版年画和风筝为例，木版年画和风筝是寒亭区的优势产业，该地区每年生产上千万张年画，风筝的生产数量更是不计其数，但由于手艺人的著作权保护意识不强，侵权与被侵权的事时有发生，因此，寒亭区开始探索著作权保护体系建设，设立区级版权工作站，逐步推广寒亭区的文化作品著作权保护。

一、乡村文化作品的著作权归属

总体而言，大部分乡村文化作品的著作权归属有三种：国家、集体、个人。有些乡村文化作品作者的不确定性，决定了只能由国家作为作品的著作权人。例如，乡村里的一些古建筑、特色农业器具，其创作者无法确定，所属群体也无法确定，就只能由国家享有著作权。大部分乡村文化作品的著作权人是集体。例如，民间文学艺术作品的具体创作者和创作时间不确定，但由于其具有某个集体的显著特征，因此集体作为这些作品权利的实际享有者更符合发展的需求。大部分乡村文化作品是由特定作者通过从事独创性的智力活动创作出来的，创作的个人即成为著作权人。例如，由个人创作的剪纸、瓷器、刺绣、绘画、小说、相声等。

二、乡村文化作品的著作权权属纠纷

随着农村的发展以及人们法律意识的逐渐增强，乡村文化作品的著作权权属纠纷也日益增多。在这些权属纠纷中，最核心的问题是权属的确定，而权属的确定需要证据材料的支撑，此时，如果权利人进行了著作权登记就会占据较大优势。

以"杨洛书诉中国画报出版社"一案为例来具体分析相关著作权纠纷的处理问题。年画是我国喜闻乐见的一种传统民间艺术形式，含有吉祥之意，其中木版年画又是年画的一种重要形式。杨家埠的木版年画是我国年画的杰出代表，在我国民间传统绘画领域中的重要性毋庸置疑。杨家埠木版年画的题材较多，神像类题材的木版年画是最丰富、印刷量最大的年画。杨洛书是杨家埠村人，出生于木版年画世家，60多年的潜心研究使他的刻版技艺独树一帜，联合国教育、科学及文化组织曾授予他"民间工艺美术大师"的称号。中国画报出版社出版的《杨家埠年画之旅》一书，未经杨洛书许可，使用其作品50多幅，其中未说明或未注明杨洛书为作者的有16幅，严重侵犯了其著作权。杨洛书遂请求法院判令中国画报出版社立即停止《杨家埠年画之旅》的发行和销售,赔礼道歉以及赔偿经济损失。最后,法院认为中国画报出版社侵犯了杨洛书的著作权,判令中国画报出版社停止侵权,赔礼道歉并赔偿损失。

  现分析一下该案例。首先,《杨家埠年画之旅》一书中的木版年画是杨洛书创作的,杨洛书是这些木版年画的著作权人。其次,这些木版年画的创作不是基于委托创作、职务创作以及合作创作等而产生,不涉及其他情况的著作权归属问题。该书的作者和中国画报出版社没有得到杨洛书的同意而使用杨洛书创作的木版年画,且没有标注杨洛书的姓名,这属于未经许可使用他人享有著作权的作品的情况。综上所述,中国画报出版社侵犯了杨洛书的著作权。

第五章 邻 接 权

第一节 邻接权概述

荷花村的王华是一个小有名气的歌手,她在一场演唱会上公开演唱了一首家乡的传统民谣《采莲歌》,并许可赵刚把她的表演录制下来并制作成录音录像制品发行,同时还许可某电视台同步播放她的表演。显然,王华、赵刚以及该电视台都为《采莲歌》的传播作出了突出的贡献,但他们都不是《采莲歌》的著作权人。那么,他们的利益该如何得到保护呢?这就涉及本章要给大家介绍的与著作权有关的权利——邻接权。

一、邻接权的含义

"邻接权"这个词语可能对于许多人来说比较陌生。邻接权是一个学术上的词汇,《著作权法》及相关法规中,并没有直接使用"邻接权"一词,使用的是"与著作权有关的权利"这一表述。

 法律规定

《中华人民共和国著作权法》
第四章 与著作权有关的权利
第一节 图书、报刊的出版
第二节 表演
第三节 录音录像

第五章　邻接权

> 第四节　广播电台、电视台播放
> 《中华人民共和国著作权法实施条例》
> 第二十六条　著作权法和本条例所称与著作权有关的权益，是指出版者对其出版的图书和期刊的版式设计享有的权利，表演者对其表演享有的权利，录音录像制作者对其制作的录音录像制品享有的权利，广播电台、电视台对其播放的广播、电视节目享有的权利。

邻接权又称相关权，是指作品的传播者和作品之外劳动成果的创造者对其劳动成果所享有的专有权利的总称。著作权法以保护作品为核心，但是随着时代的进步与发展，著作权法开始对作品之外的客体提供一定程度的保护。那么，为什么要对作品之外的客体提供保护呢？许多作品需要借助一定的媒介、通过一定的艺术形式展现出来才能被公众所知晓。例如，对于看不懂乐谱的人来说，如果没有歌手的演唱，很难体会到音乐的美感，可以说歌手对音乐作品的传播起到了非常重要的作用，如果不对其劳动成果加以保护，显然有失公平。那么，为什么要用邻接权来保护，而不是直接将其作为著作权人用著作权来保护呢？这是因为著作权法保护著作权人利益的前提是其作品具有独创性，而歌手的演唱并没有创作出作品，只是对作品进行了表演，所以不具有独创性，不符合著作权的保护条件。

二、邻接权的内容

根据《著作权法》，邻接权主要包括表演者权、录音录像制作者权、广播组织者权和版式设计权。

回到本章开篇举的例子，荷花村的王华作为演唱《采莲歌》的人属于表演者，其对表演所享有的权利就是表演者权。赵刚对王华的表演进行录制，制作成录音录像制品并发行，赵刚属于录音录像制作者，其对录音录像制品所享有的权利就是录音录像制作者权。电视台同步播放王华的表演，对该播放享有广播组织者权。他们虽然都不是《采莲歌》的著作权人，但都属于我国法律规定的邻接权人，享有邻接权相关规定的保护。

第二节　歌星和演员享有的权利

一、歌星与演员享有表演者权

歌星与演员这两个群体相信大家都不陌生，舞台上、影视剧中到处都有他们的身影。无论是歌星对于歌曲的演唱，还是演员对于剧本的表演，都使得我们对于他们所表演的作品产生了更直观的感受，促成了作品走向公众，丰富了人民群众的物质文化生活。

表演是传播作品的重要媒介。许多作品需要借助一定的媒介、通过一定的艺术方式展现出来才能为公众更好地感知。绝大多数的民众接触或欣赏音乐作品的情形都是"听"歌，而不是"看"谱或"读"歌词。如果没有舞蹈者，众人也不会懂得舞蹈作品的美妙。

表演作品的人才可以成为著作权法意义下的表演者，由此可知，歌星与演员皆属于著作权法中规定的表演者。需要特别注意的是，对作品进行表演的人就是表演者，而无论作品是否已过著作权的保护期。例如，我国的古典名曲《春江花月夜》《高山流水》等都是早在著作权法出现之前就创作完成的作品，从来就没有受到过著作权法的保护，这些作品的创作者当然也谈不上享有著作权。但是，演奏这些乐曲的艺术家是我国著作权法意义上的表演者。

另外，对于歌星和演员来说，无论其知名与否，也无论其表演技术含量的高低，也就是说无论该歌星唱歌是否跑调、该舞蹈演员所表演的舞蹈是否具有美感等，都不影响其享有表演者的身份，即享有邻接权中的表演者权。

二、表演者权的内容

在许多情况下，表演是传播作品的第一个环节，没有表演者的表演，有些作品就无法得到广泛传播，从而阻碍文化艺术发展。表演者权的内容在邻接权的各类权利中是非常特殊的，是唯一一个既包含有人身权又包含有财产权内容的邻接权。对于表演者权的具体内容，我们先来看一下法律规定。

 法律规定

> 《中华人民共和国著作权法》
> 第三十九条 表演者对其表演享有下列权利：
> （一）表明表演者身份；
> （二）保护表演形象不受歪曲；
> （三）许可他人从现场直播和公开传送其现场表演，并获得报酬；
> （四）许可他人录音录像，并获得报酬；
> （五）许可他人复制、发行、出租录有其表演的录音录像制品，并获得报酬；
> （六）许可他人通过信息网络向公众传播其表演，并获得报酬。
> 被许可人以前款第（三）项至第（六）项规定的方式使用作品，还应当取得著作权人许可，并支付报酬。

（一）表明表演者身份的权利

表明表演者身份的权利类似于作者的署名权。根据表演方式的不同，表明表演者身份的方式也各有差异。在剧院观看演出的朋友听到的主持人的报幕，电视节目上写有歌曲演唱者的字幕，印有表演者姓名的音像制品的包装……这些都是常见的表演者行使表明表演者身份权利的方式。表演者行使该权利,一方面可以提高自身知名度以获取其他方面的利益,另一方面也可以在自身权利受到侵害时更加有效地保护自己的利益。

（二）保护表演形象不受歪曲的权利

保护表演形象不受歪曲的权利是指表演者表现的艺术形象不被任意歪曲、篡改的权利。表演者的表演形象与其声誉息息相关,尤其是对于知名表演者来说,一旦他们的形象遭到恶意歪曲、篡改,或者在不正当的场所使用,其声誉会受到很大的影响,进而损害其经济利益。例如,如果赵刚将王华演唱《采莲歌》的表演录制下来,通过电音手段加以特殊处理,并进行恶意的剪辑,使王华的表演产生滑稽、可笑的效果,与她原有的表演风格大相径庭,那么赵刚的行为就是侵犯王华保护表演形象不受歪曲权利的典型表现。

（三）现场直播权

现场直播权是许可他人从现场直播和公开传送其现场表演,并获得报酬的权利。该权利只控制同步直播或传送行为,不包括将现场表演进行录制后再转播的行为。例如,王华受某电视台的邀请在室内演唱歌曲,该演出被同步播放在该电视台置于室外的大屏幕上,使得不在室内演出现场的观众也能观看到王华的表演。该电视台从现场公开传送王华的表演,应当获得王华的许可,否则就是侵犯了王华作为表演者的现场直播权。

现场直播权是表演者享有的重要经济权利。试想,如果王华的表演可以被任意地"现场直播",大家可以在任何地方观看,那还会有多少人会选择买票去演出现场观看王华的表演呢？王华又该如何获得合理的报酬呢？据此,赋予表演者对于现场直播的控制权是保障其经济利益的重要举措。

（四）首次固定权

首次固定权是表演者许可他人录音录像,并获得报酬的权利。

声音是无形、稍纵即逝的，我们只能通过听觉来感知，在对歌星的演唱进行录制之后，他的表演就被固定在录音制品这一有形的物质载体之上。将表演活动固定下来是表演活动之后进行复制、发行、出租的基础，因而首次固定权是表演者享有的首要财产权，是影响表演者经济利益的重要权利。

（五）复制、发行、出租权

表演者享有许可他人复制、发行、出租录有其表演的录音录像制品，并获得报酬的权利。对现场表演加以录音、录像之后，表演活动就被固定在了有形载体之上，形成了录有表演活动的录音录像制品，如 CD（激光唱片）、DVD（数字视频光盘）、录像带等。将这些录音录像制品以销售或赠与的方式向公众提供的行为即发行。同样，如果将录音录像制品进行出租，就会涉及表演者的出租权。

（六）信息网络传播权

与著作权人一样，表演者对其表演活动也享有信息网络传播权。信息技术的发展使得作品的传播变得更加便捷。例如，对于话剧演员的现场表演，不用经过制成录像制品后再复制、发行这一烦琐的过程，直接将录制下来的表演上传到网络，便可以迅速传播到千家万户。关于表演者信息网络传播权的规定，也是保护其经济利益的"刚需"。

第三节 录音录像制作者享有的权利

一、录音录像制作者享有录音录像制作者权

李四和王五分别获得许可，各自将李芳等人的同一场话剧表演录制下来，制作成 DVD 发行。钱六购买了李四制作发行的 DVD，并擅自将该 DVD 中李芳等人的演出进行翻录。李四、王五和钱六谁才

是著作权法中规定的录像制作人呢？他们是否享有录音录像制作者权呢？

 法律规定

> 《中华人民共和国著作权法实施条例》
> 第五条　著作权法和本条例中下列用语的含义：
> （二）录音制品，是指任何对表演的声音和其他声音的录制品；
> （三）录像制品，是指电影作品和以类似摄制电影的方法创作的作品以外的任何有伴音或者无伴音的连续相关形象、图像的录制品；
> （四）录音制作者，是指录音制品的首次制作人；
> （五）录像制作者，是指录像制品的首次制作人；
> ……

录音录像制作者是指录音录像制品的首次制作人，"首次"即排除了对已经录制下来的声音或者影像进行单纯翻录的行为。据此，钱六购买李四制作发行的DVD并擅自翻录的行为就是属于对已录制的影像进行单纯的翻录的行为，即钱六不是《著作权法》中规定的录音录像制作者，不享有录音录像制作者权。

对于李四和王五来说，他们两个同时录制了同一场话剧表演，制成了录像制品，他们属于著作权法规定的录像制作人吗？首先，他们对于李芳等人的话剧表演的录制是首次录制，不存在单纯翻录的行为。其次，李四和王五虽然录制的是同一场表演，但是由于他们各自对录制的对象、时机、角度等进行了富有个性化的选择，且在后期经过各自的剪辑和制作，形成了并不完全相同的录制结果，因此李四和王五都属于录音录像制作者，享有录音录像制作者权。

二、录音录像制作者权的内容

通过前一部分的介绍,我们了解到录音录像人享有邻接权中的录音录像制作者权,这一权利究竟包含哪些具体内容?录音录像制作者又应如何行使这一权利?

 法律规定

《中华人民共和国著作权法》

第四十四条 录音录像制作者对其制作的录音录像制品,享有许可他人复制、发行、出租、通过信息网络向公众传播并获得报酬的权利;权利的保护期为五十年,截止于该制品首次制作完成后第五十年的12月31日。

被许可人复制、发行、通过信息网络向公众传播录音录像制品,应当同时取得著作权人、表演者许可,并支付报酬;被许可人出租录音录像制品,还应当取得表演者许可,并支付报酬。

第四十五条 将录音制品用于有线或者无线公开传播,或者通过传送声音的技术设备向公众公开播送的,应当向录音制作者支付报酬。

第四十八条 电视台播放他人的视听作品、录像制品,应当取得视听作品著作权人或者录像制作者许可,并支付报酬;播放他人的录像制品,还应当取得著作权人许可,并支付报酬。

(一)复制、发行权

复制是指制作一件或多件某种录音录像制品的复制件。通常所说的盗版录音录像制品就属于一种复制行为。对录音录像制品的复制直接关系到制作者的经济利益,为保护其合法权益,录音录像制作者应当享有对其制品复制的控制权,录音录像制品发表后,他人未经许可不能复制。例如，一家音像公司制作了一套"乡村传统民乐"录音带，另一家公司如果想复制、发行该录音带，就应当经制作该录音带的音像公司许可，并向其支付报酬。

录音录像制作者只能对其制作的录音录像制品享有禁止他人复制的权利，如果有人独立制作出了相似的录音录像制品，则不构成侵权。例如，李二聘请了世界非物质文化遗产"福建南音"的表演者陆某对《四时景》《八骏马》等曲目进行表演，并与其达成协议，将其表演录制下来制作成光盘发行。王五见李二所制作的光盘销售状况极好，于是也聘请了陆某对上述曲目进行表演，并独立制作了内容与李二制作的光盘几乎相同的光盘进行售卖。虽然王五制作的光盘与李二的几乎相同，但由于王五的光盘属于其独立制作，且承担了制作成本，因而王五的行为不构成对于李二录音录像制品的复制，并不侵犯李二作为录音录像制作者的复制权。

一般情况下，对录音录像制品进行复制，并不是为了储存，而是为了上架出售获利，这种行为即发行。例如，音像店出售包含演唱者演唱录音的磁带、光盘就是典型的发行录音制品的行为。

（二）出租权

录音录像制作者享有出租权，这意味着有偿许可他人临时使用录音录像制品的原件或者复印件需要经过录音录像制作者的许可，否则就构成侵权行为。近年来随着信息网络的快速发展，从网络上下载录音录像制品更加便捷，音像出租店在城市中已较为少见，司法实践中侵犯录音录像制作者出租权的案例也较少出现。

（三）信息网络传播权

录音录像制作者享有以有线或者无线方式向公众提供，使公众可以在其选定的时间和地点获得作品的权利。因此，未经录音录像制作者许可，将CD、DVD中的录音录像内容上传到网络中，供公众任意播放或者下载的行为，构成对录音录像制作者信息网络传播权的侵犯。

（四）录像制品的广播权

根据《著作权法》第四十八条，电视台播放他人的录像制品，应当取得录像制作者许可，并支付报酬。这一规定只适用于电视台播放录像制品，即录音制作者并不享有该项权利。例如，某电视台想要播放李四制作的李芳等人的话剧表演 DVD，则需要获得李四的同意并且支付费用。如果李四制作的是 CD，那该电视台想要播放李四制作的 CD，按照《著作权法》第四十五条的规定，仅支付费用即可。

第四节　广播电台和电视台享有的权利

一、广播电台和电视台享有广播组织权

广播电台和电视台在编排节目时，要使用大量的文学艺术作品、录音录像制品，在文化传播的链条中，广播通常处于最后一个环节。

广播电台和电视台享有的权利大致包括三种情形。第一种是广播组织自己制作并拍摄的电影、电视剧、纪录片等视听作品，广播电台和电视台作为制作者对这些作品享有著作权。如中央电视台拍摄的有关电视连续剧就是视听作品，此时中央电视台以著作权人的身份享有著作权。第二种是广播电台和电视台对表演活动、人物访谈等进行录制而产生的录音录像制品，广播电台和电视台作为录音录像制作者对其享有录音录像制作者权。如中央电视台记者采访他人形成的录像制品，中央电视台可以以录制者的身份享有录制者权。第三种是广播电台和电视台对自己合法播放的节目，无论该节目是不是广播电台和电视台自己制作的，广播组织都对节目信号享有广播组织权。例如，中央电视台转播奥运会、世界杯等重大赛事时，是需要向赛事主办方支付高额费用来购买转播权的。但在直播比赛时，比赛画面往往不是中央电视台的工作人员在比赛现场拍摄、制

作的,而是直接使用赛事主办方提供的画面信号,再加上中央电视台体育解说员的解说。这些现场直播的比赛节目并不是中央电视台自己拍摄、制作的,但中央电视台作为广播组织在我国境内对其现场直播的比赛节目信号享有专有权利。

二、广播组织权的内容

广播电台和电视台作为广播组织者,享有哪些权利呢?

法律规定

> 《中华人民共和国著作权法》
> 第四十七条 广播电台、电视台有权禁止未经其许可的下列行为:
> (一)将其播放的广播、电视以有线或者无线方式转播;
> (二)将其播放的广播、电视录制以及复制;
> (三)将其播放的广播、电视通过信息网络向公众传播。
> 广播电台、电视台行使前款规定的权利,不得影响、限制或者侵害他人行使著作权或者与著作权有关的权利。
> 本条第一款规定的权利的保护期为五十年,截止于该广播、电视首次播放后第五十年的12月31日。

(一)转播权

转播,是指一个广播组织同时播放另一个广播组织的节目。例如,每晚7点整,地方电视台同步转播中央电视台的《新闻联播》节目。广播组织对自己播放的节目有权许可或禁止他人转播,即转播权。未经许可,任意转播广播组织节目的行为会损害广播组织的经济利益。例如,中央电视台能对奥运会、世界杯等重大赛事进行现场直播都是以付费为前提的,如果允许其他电视台随意转播中央电视台的节目，必然会导致中央电视台观众数量的减少和广告收入的降低，这对中央电视台来说显然是很不公平的。

那么，在网络同步直播电视台的节目，是否侵犯电视台的转播权？例如，中央电视台播放2022年足球世界杯，某网站未经许可擅自同步网络直播，是否会侵犯中央电视台的转播权？根据《著作权法》第四十七条，广播组织者有权禁止将其播放的广播、电视以有线或者无线方式转播。也就是说，广播组织者可以禁止的转播方式包括有线转播和无线转播两种。网络同步直播电视台的节目属于有线转播，同样属于侵犯电视台转播权的行为。

（二）录制、复制权

转播权强调的是实时转播，而对于有些广播组织将其他广播组织制作的节目录制后再择期播放或者制作成录音录像制品的行为，则需要通过录制权与复制权来规制。例如，未经许可将中央电视台对2022年足球世界杯比赛的现场直播录制下来制作成DVD大量复制并出售，便是侵犯中央电视台录制权与复制权的行为。

（三）信息网络传播权

早期广播组织面临的侵权行为主要是盗播，而网络时代对广播组织最大的"威胁"主要是未经许可把通过有线或无线系统传播的广播电视信号转化成数字形式在网络上传播。例如，一些网站将电视台对重大体育赛事节目的现场直播上传至网络，供用户任意播放与下载，这种行为就属于侵犯广播组织者信息网络传播权的行为。

第五节 乡村文化活动中的邻接权人

乡村文化传播中，许多人虽然不是著作权人，但是他们对作品的传播起到非常重要的作用。这些邻接权人应该享有什么样的权利，在前文几章内容中已有详细介绍，但是由于邻接权人是作品的传播者，他们在传播作品的过程中必然会涉及其他人的权利与利益。例如，表演者使用作品进行表演就涉及作品著作权人的利益，应该获得著作权人的许可才能合法进行表演。那么，在这一系列活动中会涉及哪些著作权问题呢？

李某在某短视频平台上注册了账号，将平时自己拍摄的或者由其妻子王某拍摄的自己的朗诵或者演唱上传到该平台上。由于李某的声音十分有特色，后来被电视台多次邀请参加节目。下面将根据不同邻接权人的权利义务来对该案例涉及的著作权问题进行分析。

一、乡村文化活动中的表演者

表演者是对作品进行表演的人，表演者作为邻接权人对其表演享有人身权和财产权。例如，李某对其朗诵、演唱享有邻接权，有权自己或者授权他人使用其表演，同时也有权禁止他人使用其表演。但是，表演者是对作品进行表演，这就会涉及作品著作权人的利益。如果李某演唱的是王某创作的歌曲，那么，当李某将自己的演唱上传至短视频平台时，就可能会侵犯到王某作为著作权人所享有的表演权和信息网络传播权。

根据法律规定，表演者使用作品进行表演时需要获得著作权人的许可，并且支付报酬。那么，我们自己在家里唱歌跳舞是否要向著作权人支付报酬呢？答案当然是否定的。如果表演是个人使用行为，如自己在家里唱歌，著作权人是无权干涉的，不需要其授权，但是当使用范围超出了个人使用时，就需要获得著作权人的授权。例如，李某如果是自己在家朗诵、演唱就不存在需要作品的著作权人授权的问题，但如果将演唱上传至短视频平台供人观看，就不再属于个人使用行为，此时需要获得著作权人的授权，否则就构成侵权。如果电视台邀请李某参加节目，李某在节目中现场朗诵一首诗，此时李某对作品的使用同样超出了个人使用的范围，需要获得著作权人的授权。根据著作权法，"演出组织者组织演出，由该组织者取得著作权人许可，并支付报酬"，即可以由该电视台获得相关授权。

二、乡村文化活动中的录音录像制作者

录音录像制作者对录音录像制品享有复制权、发行权、出租权、信息网络传播权。录像制作者还享有广播权。在大部分情况下,录音录像制作者录制的是表演者对作品的表演,其录制行为会涉及表演者和作品的著作权人的利益。

 法律规定

> 《中华人民共和国著作权法》
> 第四十二条 录音录像制作者使用他人作品制作录音录像制品,应当取得著作权人许可,并支付报酬。
> 第四十三条 录音录像制作者制作录音录像制品,应当同表演者订立合同,并支付报酬。
> 第四十四条 被许可人复制、发行、通过信息网络向公众传播录音录像制品,应当同时取得著作权人、表演者许可,并支付报酬;被许可人出租录音录像制品,还应当取得表演者许可,并支付报酬。

根据著作权法,录音录像制作者在使用作品和表演时,需要同时获得著作权人和表演者的许可并付费。其他人复制、发行和通过信息网络传播录音录像制品时,则需要同时获得录音录像制作者、表演者和作品的著作权人的许可并付费。例如,李某的妻子王某将其表演录制下来,作为录音录像制作者,王某对其录音录像制品享有复制、发行、通过信息网络向公众传播的权利,但是在行使这些权利的时候,王某需要获得表演者李某和作品的著作权人的同意,否则就会构成侵权。如果张某在短视频平台上看到李某的表演,将该视频下载后上传到自己的网站上,那此时,张某就需要同时获得作品的著作权人、表演者李某、录音录像制作者王某三人的授权。

第六章　可以不经权利人许可使用作品的情况

第一节　合理使用概述

一、合理使用的含义

来自藏族的张三喜欢读书，为了帮助同样热爱读书却不太认识汉字的朋友们学习汉字，张三将许多国内作家创作的作品翻译成了藏语，并在当地出版发行。后来这些作品的作者们找到了张三，要求张三支付一定的费用，不然就告张三著作权侵权。张三非常疑惑，不清楚这种小范围的出版发行有没有侵犯他人的著作权，应不应该向他们支付报酬。张三是否侵犯了这些作品著作权人的著作权呢，他需要向这些著作权人支付一定的费用吗？

在一般情况下，不经过著作权人许可而擅自使用其作品，将构成著作权侵权，但为了维护社会公共利益，一部分不经过著作权人许可而擅自使用作品的行为并没有被纳入著作权侵权行为中，反而被《著作权法》规定为合理使用。合理使用是指在特定的条件下，法律允许行为人可以不经过著作权人许可，也可以不向著作权人支付报酬而使用作品的行为。合理使用的对象是作品，特定的条件是指《著作权法》第二十四条中规定的具体情形。在这些特定条件下，行为人的行为构成合理使用的前提是：在作品中指明著作权人的姓名和作品的名称，以及不能影响该作品的正常使用和不合理地损害著作权人的合法权益。

二、规定合理使用的目的

《著作权法》第一条规定，为保护文学、艺术和科学作品作者的著作权,以及与著作权有关的权益,鼓励有益于社会主义精神文明、物质文明建设的作品的创作和传播,促进社会主义文化和科学事业的发展与繁荣,根据宪法制定本法。该规定既是立法目的,也是期望著作权法所能起到的作用。著作权合理使用制度在保证著作权人的作品能够正常传播利用的前提下,通过规定著作权人放弃一部分权利,并将该部分权利给社会公众无偿使用,以减少创作的时间成本和物质成本,从而实现著作权人和社会公众之间的利益平衡,促进文化传播。

对合理使用的规定适用于对与著作权有关的权利的限制。

第二节　合理使用的情形

免费使用作品的情形主要体现在《著作权法》第二十四条第一款规定,具体包括十二种情形和一条兜底条款。凡是符合第二十四条第一款规定使用他人作品情形的,可以不经著作权人许可,不向其支付报酬,但使用的同时也不能损害著作权人的合法权益。下面,我们就看一下这些情形具体包括哪些内容。

 法律规定

《中华人民共和国著作权法》

第二十四条　在下列情况下使用作品,可以不经著作权人许可,不向其支付报酬,但应当指明作者姓名或者名称、作品名称,并且不得影响该作品的正常使用,也不得不合理地损害著作权人的合法权益:

(一)为个人学习、研究或者欣赏,使用他人已经发表的作品;

（二）为介绍、评论某一作品或者说明某一问题，在作品中适当引用他人已经发表的作品；

（三）为报道新闻，在报纸、期刊、广播电台、电视台等媒体中不可避免地再现或者引用已经发表的作品；

（四）报纸、期刊、广播电台、电视台等媒体刊登或者播放其他报纸、期刊、广播电台、电视台等媒体已经发表的关于政治、经济、宗教问题的时事性文章，但著作权人声明不许刊登、播放的除外；

（五）报纸、期刊、广播电台、电视台等媒体刊登或者播放在公众集会上发表的讲话，但作者声明不许刊登、播放的除外；

（六）为学校课堂教学或者科学研究，翻译、改编、汇编、播放或者少量复制已经发表的作品，供教学或者科研人员使用，但不得出版发行；

（七）国家机关为执行公务在合理范围内使用已经发表的作品；

（八）图书馆、档案馆、纪念馆、博物馆、美术馆、文化馆等为陈列或者保存版本的需要，复制本馆收藏的作品；

（九）免费表演已经发表的作品，该表演未向公众收取费用，也未向表演者支付报酬，且不以营利为目的；

（十）对设置或者陈列在公共场所的艺术作品进行临摹、绘画、摄影、录像；

（十一）将中国公民、法人或者非法人组织已经发表的以国家通用语言文字创作的作品翻译成少数民族语言文字作品在国内出版发行；

（十二）以阅读障碍者能够感知的无障碍方式向其提供已经发表的作品；

（十三）法律、行政法规规定的其他情形。

符合上述各情形的合理使用，可以不经著作权人许可，不向其支付报酬，但应当指明作者姓名或者名称、作品名称，并且不得影响该作品的正常使用，也不得不合理地损害著作权人的合法权益。例如，在本章第一节的案例中，张三将国内许多作品翻译成了藏语并在当地出版发行，符合第二十四条第一款第（十一）项规定的条件，但其需要在藏语版本出版时标明原作品作者的姓名，并且只能出版发行，不能授权他人进行广播、表演等行为，否则就属于不合理地损害著作权人的合法权益。

一、个人合理使用

出于学习目的，王五利用家中的投影仪播放一部著名的电影，并同家庭成员一起观看。在这种情况下，王五是否侵犯电影著作权人的著作权？《著作权法》第二十四条第一款第（一）项规定了个人使用的合理使用。个人合理使用能使社会公众方便地接触到优秀的知识文化产品，并通过进行再创新来使社会文化更加繁荣。那么，应该如何理解这一项规定呢？王五在家中同家庭成员一起观看电影的行为，是否符合"个人使用"的规定呢？首先，个人使用不能狭义地理解为一个人，家庭成员等小范围人员同样符合规定。其次，使用目的仅限学习、研究或者欣赏，不能扩大到出租、出版等营利行为。最后，使用对象应当为已经发表的作品。综上所述，王五的行为并没有侵犯电影著作权人的著作权。在乡村文化活动中，应充分利用该合理使用条款，有助于乡村文化的振兴。

二、适当引用

根据《著作权法》第二十四条第一款第（二）项，适当引用要注意使用内容和使用目的是否为介绍、评论某一作品或者说明某一问题。例如，张三在向李四介绍版画的制作方法时，引用了王五关于版画制作方法的说明，在这种情形下，张三并没有侵犯王五的著作权，既不用征得王五的同意，也不用向王五支付报酬。

这一规定的关键问题是：什么情况才属于"适当"？对于适当的判断要从"量"和"质"两个方面理解。"量"是指引用的内容占作品的比例不能过高，这里的作品包括出处作品和引用作品。例如，老朱写了一部小说，老王写了一篇文章来评论老朱的小说，该评论文章中必然要引用老朱的小说内容。正常情况下，老王所引用的内容在自己文章中的占比不能过高，否则就属于复制，同时也不能占老朱小说很高的比例，否则就违反了"量"的规定。但是，在特定情况下，为了达到介绍、评论与说明的目的，也可能引用他人作品中的全部内容。"质"是指引用的内容不能够作为引用人的主要内容或实质内容，否则，即使引用的"量"并不多，也不属于适当引用。如果老王文章的核心内容与老朱的小说内容构成实质性相似，则无法满足适当引用的条件，此时即构成侵权。

三、新闻报道中的合理使用

为报道新闻，在报纸、期刊、广播电台、电视台等媒体中不可避免地再现或者引用已经发表的作品属于合理使用。大家在电视上经常看到新闻联播报道新闻时会播放一些现场画面，例如，在报道有关春节联欢晚会盛况的新闻时，就会播放晚会节目的画面，如果画面上是某位歌星正在演唱，就会涉及该歌星所演唱歌曲的著作权问题。那么，这首歌曲的著作权人是否有权要求新闻制作方支付报酬呢？根据《著作权法》第二十四条第一款第（三）项，在新闻报道中使用晚会画面是符合"为报道新闻，在报纸、期刊、广播电台、电视台等媒体中不可避免地再现或者引用已经发表的作品"的条件的，新闻制作方不需要向这首歌曲的著作权人支付报酬。

这一规定的关键问题是：什么情况属于"不可避免"？比如上述春节晚会新闻报道的例子，如果在报道时不加晚会现场画面，不是也可以说清楚新闻事实吗？《伯尔尼公约指南》规定，时事新闻报道的主要目的是让观众有一种参与其中的感觉。"不可避免"并不是不使用作品，就无法进行新闻报道，而是不使用作品，就无法使公众身临其境地了解新闻事件的内容或过程。例如，某报社出于说明宣传税收新政策的公益目的，为达到图文并茂的宣传效果，在某网络平台上发表内容为解读税收新政策的新闻报道，并在文章中使用了某公司享有著作权的图片。报社在使用中保留了该公司标注的水印。在这个案子中，报社为了让读者更好地理解，使用了某公司享有著作权的图片的行为，就可以理解为不可避免地引用。因此，该报社并没有侵犯该公司的著作权。

四、时事性文章登载与播放的合理使用

报纸、期刊、广播电台、电视台等媒体刊登或者播放其他报纸、期刊、广播电台、电视台等媒体已经发表的关于政治、经济、宗教问题的时事性文章属于合理使用。例如，某地方晚报刊登《人民日报》上发表的有关二十大的时事文章，该晚报不需要权利人的许可，也不需要支付费用。这一规定的关键问题是如何界定"时事性文章"。《现代汉语词典》（第7版）对"时事"的解释是"最近一段时间内的国内外大事"，可见，"时事性文章"应具备时效性和重大性两个特征。从形式上看，时事性文章应该是在进行报道的同时夹叙夹议地对"时事"进行描述、评论。从内容上看，时事性文章是指当前受到公众关注的涉及政治、经济或宗教问题的文章。这些文章不同于单纯对新闻事件进行的客观报道，往往包含了作者对当前较受关注的有关政治、经济或宗教问题的讨论、评述，同时具有较强的时效性。

五、在公众集会上发表讲话的合理使用

报纸、期刊、广播电台、电视台等媒体刊登或者播放在公众集会上发表的讲话属于合理使用。对这一规定的理解要注意以下几个

方面：第一，使用主体为报纸、期刊、广播电台、电视台等媒体；第二，使用对象为在公众集会上发表的讲话，其中公众集会是指群众性的政治集会、庆祝活动或者纪念性的集会；第三，使用方式只能为刊登或者播放；第四，作者有权声明不许刊登、播放。例如，张三作为人大代表，在一次农村集会上进行了呼吁大家保护农村耕地的演讲，该演讲被当地一家报社刊登在了报纸上。那么，该报社是否侵犯了张三的著作权？第一，使用主体为报社，符合媒体这一条件；第二，使用对象为在农村集会上进行的公开演讲，符合公众集会这一条件；第三，使用方式是将公开发表的演讲刊登在报纸上，符合刊登这一条件；第四，张三并没有声明不允许刊登、播放。因此，该报社并没有侵犯张三的著作权，符合合理使用的条件。

六、为教学与科研目的的合理使用

为学校课堂教学或者科学研究，翻译、改编、汇编、播放或者少量复制已经发表的作品，供教学或者科研人员使用属于合理使用，但不得出版发行。例如，某小学语文老师为了给学生讲解记叙文的写法，把一篇已经发表的文学作品复印了50份发给同学们。根据《著作权法》第二十四条第一款第（六）项，这种复制行为虽然属于该文学作品著作权人复制权所控制的对象，但是由于该文学作品已经发表，并且是为学校课堂教学目的，供教学人员使用，因此属于合理使用的范畴，既不需要征得该文学作品著作权人的许可，也不需要付费。

七、国家机关的公务性合理使用

国家机关为执行公务在合理范围内使用已经发表的作品属于合理使用，使用主体是国家机关，使用目的是执行公务。在我国，国家机关执行公务存在两种形式，一种是国家机关自行执行公务，另一种是国家机关授权或委托其他单位执行公务。例如，考试中心不属于国家机关,但其组织高考命题的行为属于受国家机关授权执行公务的情形,其在组织高考命题时使用他人已经发表作品的行为属于合理使用。

八、为馆藏需要而复制的合理使用

图书馆、档案馆、纪念馆、博物馆、美术馆、文化馆等为陈列或者保存版本的需要,复制本馆收藏的作品属于合理使用。适用这一条款时,应当注意使用目的应当是为陈列或者保存版本的需要,使用方式只能是复制,不能是其他方式。使用主体为图书馆、档案馆、纪念馆、博物馆、美术馆、文化馆等。例如,王五为某美术馆的馆长,出于对绘画的喜爱,他对美术馆内一幅画作进行了复制保存。在这个案例中,王五虽为美术馆馆长,使用的方式也只是复制,没有采用其他方式,但是王五不能利用自己馆长的身份进行私人性质的复制,这种行为不符合该款项规定的使用主体身份以及使用目的,不属于合理使用。

九、免费表演时的合理使用

免费表演已经发表的作品,该表演未向公众收取费用,也未向表演者支付报酬,且不以营利为目的,符合上述条件的表演属于合理使用行为。值得注意的是,这一项规定的"免费表演"应将表演范围限制为单次的现场表演,即免费表演只能是一次性的现场表演,不能对免费表演的作品进行摄制后再播放。同时,表演目的应当为非营利性,既不得向社会公众收取费用,也不向表演者支付费用。如果张三在一次非营利性活动中表演节目,没有经过著作权人授权,且收取了举办方支付的劳动报酬,那么张三的行为就构成著作权侵权。因为该合理使用要求活动为非营利性活动,张三的表演虽然没有向社会公众收取费用,但收取了举办方支付的劳动报酬,就不符合该款项的使用要求。因此,适用该款项不仅要求表演者参加的活动为非营利性性质,不能向社会公众收取费用,还要求表演者不能收取报酬。

十、公共场所艺术品的合理使用

对设置或者陈列在公共场所的艺术作品进行临摹、绘画、摄影、录像属于合理使用。适用这一规定要符合以下几个条件:第一,适用的对象是艺术作品,包括书法、雕塑、绘画等;第二,地点是公共场所;最后,使用方式是临摹、绘画、摄影和录像四种方式。由于设置或者陈列在公共场所的艺术作品本身具有长期的公益性质,既然是存在于公共场所,就难免会有一些临摹、绘画等行为,因此如果让使用人都取得著作权人许可并支付报酬是不现实的,也不利于文化的传播,有悖其公益性质。例如,李四是一位艺术家,喜欢用绘画来记录生活中的美好事物。周末,李四出门玩耍,在广场上看到一个惟妙惟肖的雕塑,当即决定将这个雕塑画下来,记录在他的画册中。那么,李四的行为侵犯了雕塑作品著作权人的著作权吗?首先,该作品位于广场,属于设置在公共场所的艺术作品,符合使用对象和地点的要求。其次,李四对该作品的使用符合使用方式为临摹、绘画、摄影和录像的要求。综上所述,李四没有侵犯雕塑作品著作权人的著作权。

十一、翻译行为中的合理使用

将中国公民、法人或者非法人组织已经发表的以国家通用语言文字创作的作品翻译成少数民族语言文字作品在国内出版发行属于合理使用。这一项合理使用的适用应注意以下几点:作品是中国公民、法人或者非法人组织创作的,外国人的作品不在该范围内;作品是以国家通用语言文字创作的,即使是中国国籍的作者,使用其他国家的语言文字所创作的作品也不符合要求;只能是将国家通用语言文字翻译成少数民族语言文字,反之,将少数民族语言文字翻译成国家通用语言文字则不符合要求；只能在中国境内出版发行。如果张三将李四用藏语发表的一篇文章翻译成汉语发表，并且没有经过李四的同意，那么张三的行为则构成侵权。如果张三将某美国人发表的汉语小说翻译为藏语，也同样不构成合理使用。

十二、关爱阅读障碍者的合理使用

以阅读障碍者能够感知的无障碍方式向其提供已经发表的作品属于合理使用。心理学上的阅读障碍是指阅读的准确性、速度和理解力明显落后于患者应达到的年龄、智力和教育水平的学习障碍。以阅读障碍者能够感知的无障碍方式最常见的就是将已经发表的作品改成盲文出版，无论该作品的表达方式是中文还是外文，作品的著作权人是中国国籍还是外国国籍，都构成该条款的合理使用。

第三节 法定许可概述

一、法定许可的含义

法定许可是指在法律规定的条件下，以一定方式使用他人已经发表的作品，可以不经著作权人许可，但应当按照规定向著作权人支付报酬并不得侵犯著作权人依照著作权法享有的其他权利。法定许可中的著作权人不享有禁止他人使用已发表作品的权利，当然，著作权人声明不得使用的除外。

著作权法定许可制度设定的初衷是限制著作权人的专有权，以防止阻碍作品的传播和利用，损害社会公益，在对著作权进行限制的同时，又对著作权人的经济权利给予充分保护，以维持著作权人与社会公众之间的利益平衡。法定许可的存在既能使著作权人从中获取财产利益，也能让使用者降低谈判成本，提高作品传播的范围和效率。对法定许可的规定适用于对与著作权有关的权利的限制。

二、法定许可的构成条件

法定许可的构成包括以下几个条件。

一是基于法律的明确规定。法定许可是基于法律规定产生的强制许可,没有法律的明文规定,任何人不能随意扩大法定许可的范围。

二是只能针对已经发表的作品。法定许可的设立是为了克服著作权人必须授权使用的障碍,简化授权使用手续而设立的制度,只有在对著作权人没有明显损害的情况下,才可以强制地授权他人使用。显然,如果对未发表的作品进行强制许可,是不符合立法意图的。

三是需要按规定向有关著作权人或邻接权人支付报酬。这是法定许可与合理使用的主要区别点。合理使用中使用人无须向权利人支付报酬,而法定许可中的权利人虽然不享有禁止他人使用已发表作品的权利,但是仍然享有获得报酬的权利。

四是不得侵害著作权人或邻接权人的精神权利或其他财产权利。根据法定许可使用他人作品,除了需要依法支付报酬之外,还要尊重权利人其他未受限制的权利,如署名权、修改权、保护作品完整权等精神权利以及著作权人的权利管理信息等。

第四节　法定许可的情形

根据《著作权法》,法定许可的情形主要有第二十五条、第三十五条第二款、第四十二条第二款、第四十六条第二款四种,分别是关于编写出版教科书、报刊的转载和摘编、合法录制为录音制品的使用以及广播电台、电视台的播放作品的规定。在这四种情形下,使用人不需要获得权利人的授权,但是应当向著作权人支付报酬。

第六章　可以不经权利人许可使用作品的情况

 **法律规定**

《中华人民共和国著作权法》

第二十五条　为实施义务教育和国家教育规划而编写出版教科书，可以不经著作权人许可，在教科书中汇编已经发表的作品片段或者短小的文字作品、音乐作品或者单幅的美术作品、摄影作品、图形作品，但应当按照规定向著作权人支付报酬，指明作者姓名或者名称、作品名称，并且不得侵犯著作权人依照本法享有的其他权利。

第三十五条　作品刊登后，除著作权人声明不得转载、摘编的外，其他报刊可以转载或者作为文摘、资料刊登，但应当按照规定向著作权人支付报酬。

第四十二条　录音制作者使用他人已经合法录制为录音制品的音乐作品制作录音制品，可以不经著作权人许可，但应当按照规定支付报酬；著作权人声明不许使用的不得使用。

第四十六条　广播电台、电视台播放他人已发表的作品，可以不经著作权人许可，但应当按照规定支付报酬。

一、编写出版教科书的法定许可

永祥村的王五是一位绘画爱好者，创作了《夏日阳光》《荷叶莲莲》等画作并发表在一些有名的绘画刊物上。某日，王五在一年级语文教科书上看到了自己曾发表在某绘画杂志上的作品《荷叶莲莲》，但自己并不知情，该出版社既没有经过自己的允许使用该作品，也没有支付报酬。这种情况下，王五是否有权主张该出版社侵犯其著作权呢？这个问题的回答涉及编写出版教科书的法定许可规定。

《著作权法》第二十五条规定，为实施义务教育和国家教育规划

101

而编写出版教科书,可以不经著作权人许可,在教科书中汇编已经发表的作品片段或者短小的文字作品、音乐作品或者单幅的美术作品、摄影作品、图形作品,但应当按照规定向著作权人支付报酬,指明作者姓名或者名称、作品名称,并且不得侵犯著作权人依照本法享有的其他权利。根据这一规定,要满足编写出版教科书的法定许可应具备下列条件。第一,使用对象是已经发表的作品片段或者短小的文字作品、音乐作品或者单幅的美术作品、摄影作品、图形作品。第二,使用目的是编写出版教科书。其中,根据《教科书法定许可使用作品支付报酬办法》,教科书的范围不包括教学参考书和教学辅导材料。九年制义务教育教科书和国家教育规划教科书,是指为实施义务教育、高中阶段教育、职业教育、高等教育、民族教育、特殊教育,保证基本的教学标准,或者为达到国家对某一领域、某一方面教育教学的要求,根据国务院教育行政部门或者省级人民政府教育行政部门制定的课程方案、专业教学指导方案而编写出版的教科书。第三,使用作品时要指明作者姓名或者名称、作品名称和支付报酬,同时不得侵犯著作权人依照著作权法享有的其他权利。王五的《荷叶莲莲》被用在一年级语文教科书中,该教科书的类型属于法律规定的教科书范围。综上所述,该出版社使用王五作品的行为构成法定许可,其可以不经过王五的许可,但应当向王五支付合理的报酬。

二、报刊转载和摘编的法定许可

张家村的张三对中医十分感兴趣,在《新月报》上刊登了一篇关于如何改善睡眠质量的文章,但是没有声明不允许他人转载、刊登。后来,《上游报》转载了这篇文章,并向张三支付了一定的报酬。那么,《上游报》是否侵犯了张三的著作权呢?

根据《著作权法》第三十五条,著作权人向报社、期刊社投稿的,自作品刊登后,除著作权人声明不得转载、摘编的外,其他报刊可以转载或者作为文摘、资料刊登，但应当按照规定向著作权人支付报酬。这一规定中的"转载"是指报纸、期刊登载其他报刊已经发表作品的行为，不包括报纸、期刊登载除其他报刊之外的传播媒介所发表的作品的行为，如网络、图书等媒介上的作品，也不包括使用人通过信息网络方式向公众提供作品的行为。著作权人可以通过事前声明来阻止关于这一规定的法定许可。如果著作权人不允许他人使用自己的作品，应当在报纸、期刊刊登该作品时附带声明。在张三这个案例中，首先，张三在文章刊登时并没有声明不允许他人转载、刊登；其次，张三的文章从《新月报》被转载到《上游报》，符合报刊到报刊的转载条件；最后，《上游报》向张三支付了一定的报酬，符合法律规定的向著作权人支付报酬的条件。综上所述，《上游报》没有侵犯张三的著作权。

三、合法录制为录音制品使用的法定许可

李家村的李某是一名音乐爱好者，经常自己创作并演唱歌曲，有时会录制下来，上传到"抖音"短视频平台自己的账号里，获得较多的关注与点赞。李某在短视频平台上创作的一段旋律获得了一位音乐界名人杨某的欣赏，杨某将这段旋律用在了自己制作的录音制品中，该录音制品一经发行，一路畅销。那么，杨某没有经过李某的同意而使用其音乐作品的行为，侵犯了李某的著作权吗？

《著作权法》第四十二条规定，录音制作者使用他人已经合法录制为录音制品的音乐作品制作录音制品，可以不经著作权人许可，但应当按照规定支付报酬；著作权人声明不许使用的不得使用。根据这一规定，杨某使用李某自己录制成录音制品的音乐作品来制作录音制品，符合法定许可的规定，可以不需要获得李某的授权，但是需要支付费用。需要注意的是，杨某使用的是李某所创作的一段旋律，属于音乐作品的一部分，如果杨某直接使用的是李某上传到短视频平台上的录音制品，就不属于法定许可的范畴，而属于侵权行为。

四、广播电台、电视台播放作品的法定许可

电视台的音乐频道每天都会播放很多歌曲，如果电视台没有获得这些歌曲著作权人的授权，是不是就构成侵权了呢？根据《著作权法》第四十六条，广播电台、电视台播放他人已发表的作品，可以不经著作权人许可，但应当按照规定支付报酬。广播电台、电视台利用他人作品的行为能加速知识产品的传播和交流，从而提高社会整体再创造能力，使社会享受到更为丰富的精神文化产出。针对已经发表的作品，广播电台和电视台的播放可以不经著作权人许可，不构成侵权，但应当按照规定支付报酬。

第七章 著作权的行使

望山屯的小张是一个小有名气的音乐家,他以农村生活为题材写了许多歌曲。如何让这些歌曲能够被大家广泛传唱,这个问题一直困扰着他。自从他将自己演唱的一些歌曲录制下来上传到"抖音"短视频平台后,有些歌曲开始被网民喜欢,但是随之而来的是,网络上到处都是小张的歌曲,却从来没有人找他授权,更没有人给他支付报酬。小张面临的这些问题,是很多著作权人共同面临的问题。如何有效地让自己的作品广泛传播?如何通过作品取得一定的经济收益?遇到广泛侵权行为如何维权?著作权可以由著作权人自己行使,也可以授权他人行使。在大部分情况下,由于受自身精力、社会活动范围等因素的制约,著作权人自己行使著作权是难以实现预期效果的,因此,授权他人行使著作权是著作权人获得收益的主要方式。那么,著作权人可以通过哪些方式将著作权授权给他人行使呢?

第一节 著作权行使的方式

著作权的行使是指利用作品实现社会效益和经济收益的行为。著作权是一种排他的专有权,但从其作为财产权的意义上说,作品要实现其社会和经济效益必须进入商品流通领域才能实现。将著作权授权他人行使的方式主要有以下几种:

一、著作权集体管理组织

随着作品传播范围的不断扩张和传播方式的不断发展,著作权人和作品使用者都需要一个更为便捷的授权制度，以实现作者的经济利益和社会公众获取知识信息的社会利益的平衡。鉴于此，著作权集体管理组织应运而生，著作权人可以通过集体管理组织，对作品予以许可使用、收取相应报酬以及进行维权等活动。

二、著作权的许可使用

著作权人可以将其著作财产权的一部分或者全部通过许可的方式授权他人使用。例如，小张可以将音乐作品中的表演权、信息网络传播权等部分或者全部著作财产权通过许可的方式让他人使用，并从中获得一定的收益。

三、著作权的转让

著作权人可以将其著作财产权的一部分或者全部通过转让给他人来获得一定的经济利益。例如，小张可以将音乐作品中表演权、信息网络传播权等部分财产权或者全部通过转让的方式将权利转移给他人使用，并从中获得一定的收益。

第二节　著作权集体管理

小张对自己创作的音乐作品享有排他性的专有权，其他人要想行使该专有权，除了法律规定的特殊情况外，均需获得小张的许可。但是在实践中，由于作品的利用方式具有多样性及作品具有可以广泛复制与传播的特征，小张无法向成千上万个作品的使用人分别进行许可授权，同样，使用小张音乐作品的人，尤其是为数众多、作品使用量巨大的报社、广播电视媒体、互联网等，也不可能为其使用的每一件作品逐一寻找作者并逐一取得许可。因此，无论是著作权人还是作品的使用人，都需要建立起某种方便、快捷的联系方式，便于著作权人有效使用权利及作品使用人及时获得许可，简化使用作品的法律程序。鉴于此,著作权集体管理组织的产生就具有其必然性。

一、著作权集体管理及其组织

著作权集体管理,是指著作权集体管理组织经权利人授权,集中行使权利人的有关权利并以自己的名义进行的有关活动。著作权集体管理组织,是指为权利人的利益依法设立,根据权利人授权、对权利人的著作权或者与著作权有关的权利进行集体管理的社会团体。著作权集体管理组织的主要职能就是进行著作权集体管理。著作权集体管理组织的职能相当于村里人将自己家不用的农用工具集中寄放在村委会,村委会指派专门人员进行管理,如果有人缺少工具,就可以付费使用,村委会则将收取的费用在扣除管理费后向工具的所有人转付,这样既促进了生产工具的充分利用,又方便了所有人和使用人开展交易活动。

在著作权集体管理的早期发展史上,有一个较为著名的故事——巴黎音乐咖啡馆的故事。1847年,法国有两名曲作者和一名词作者在巴黎爱丽舍田园大街的一家音乐咖啡厅里喝咖啡,发现该咖啡厅正在演奏他们的作品,但既没有征得他们的同意也没有支付报酬,于是他们拒绝支付咖啡费,并到法院起诉该咖啡厅,要求该咖啡厅支付音乐使用费,最后,法院判决三位作者胜诉,该咖啡厅应支付音乐使用费。接下来,在他们和其他一些音乐家的倡导下,法国成立了关于音乐作品著作权的集体管理组织。

1777年,以法国著名戏剧家博马舍为首的一些剧作家与拒绝支付演出费的剧院产生了纠纷,经过三年的努力,世界上第一个著作权集体管理组织成立,著作权集体管理组织由此正式登上历史舞台。随着作品种类的扩展以及权利范围的扩展,著作权集体管理组织在各个领域都得以成立。著作权集体管理组织发展到今天,已经成为世界上普遍存在的组织之一。

二、我国的著作权集体管理组织

我国的著作权集体管理组织包括：中国音乐著作权协会、中国音像著作权集体管理协会、中国文字著作权协会、中国摄影著作权协会和中国电影著作权协会，这五大著作权集体管理组织基本覆盖了文学、艺术、科学领域的大部分作品。

（一）中国音乐著作权协会

成立于1992年的中国音乐著作权协会是我国第一个著作权集体管理组织，其对音乐著作权的管理适用于下列情况：①使用音乐作品进行公开表演；②使用音乐作品进行公开广播；③使用音乐作品制作、复制、发行录音录像制品；④使用音乐作品制作广播电视节目；⑤以摄制电影或者类似摄制电影的方法将音乐作品固定在载体上；⑥以信息网络传播的方式向公众提供音乐作品；⑦其他适合集体管理的对音乐作品的使用。

（二）中国音像著作权集体管理协会

中国音像著作权集体管理协会成立于2008年，其管理对象为音像节目，管理的权利种类包括：①音像节目表演权；②音像节目放映权；③音像节目广播权；④音像节目出租权；⑤音像节目信息网络传播权；⑥音像节目复制、发行权；⑦其他适合集体管理的音像节目著作权和与著作权有关的权利。

（三）中国文字著作权协会

中国文字著作权协会成立于2008年，其对文字著作权的管理适用于下列情况：①报纸、期刊、图书、电子出版物和数字化制作等各种传媒使用的文字作品；②通过信息网络传播方式使用的文字作品；③通过广播方式使用的文字作品；④以汇编方式使用的文字作品；⑤以机械表演或现场表演方式使用的文字作品；⑥以法定的其他许可方式使用的文字作品；⑦其他适合集体管理的对文字作品的使用；⑧为集体管理目的，对未加入协会的文字著作权人，该协会也为其向使用者收取法定许可情形下的使用费并向其分配。

（四）中国摄影著作权协会

中国摄影著作权协会成立于2008年，其对摄影作品进行集体管理的范围包括：①报纸、期刊、图书、电子出版物使用摄影作品；②以信息网络传播方式向公众提供摄影作品；③广告、招示中使用摄影作品；④将摄影作品用于举办展览、展示及幻灯演示；⑤产品宣传、包装上使用摄影作品；⑥广播、电视、电影、录像以及任何视听介质中使用摄影作品；⑦以摄影作品（含其局部）为素材绘制、修改或合成为其他作品；⑧其他适合集体管理的对摄影作品的使用。

（五）中国电影著作权协会

中国电影著作权协会是全中国合法从事电影创作、生产、经营的企业法人和个人自愿组成的非营利性社会团体，是中国电影作品权利人唯一的著作权集体管理组织。其基本宗旨和主要任务是经权利人授权，集中行使权利人的有关权利，并以自己的名义与使用者签订著作权许可使用合同，向使用者收取使用费，向权利人转付使用费，进行涉及著作权及与著作权有关的权利的诉讼、仲裁等，从而维护权利人的合法权益，推动中国电影产业的发展和繁荣。

三、著作权集体管理组织的活动内容

著作权集体管理组织经权利人授权，集中行使权利人的有关权利并以自己的名义进行下列活动：①与使用者订立著作权许可使用合同；②向使用者收取使用费；③向权利人转付使用费；④进行涉及著作权的诉讼、仲裁等。

本章开篇提到的小张如果加入了中国音乐著作权协会，那么有人想要使用小张的音乐作品，就需要和中国音乐著作权协会签订著作权许可使用合同并且支付费用，中国音乐著作权协会在收到费用并扣除管理费后将其转付给小张，一旦小张或者中国音乐著作权协会发现侵犯小张著作权的行为，中国音乐著作权协会可以代替小张

以协会的名义进行诉讼、仲裁等活动。

四、乡村文化作品的著作权集体管理问题

李家村的李四将自己摄影作品的著作财产权授予中国摄影著作权协会行使,后某出版社将李四的摄影作品制作成摄影集,署名"佚名",并在其拍摄的宣传片中使用李四的摄影作品。随后,李四向法院提起了诉讼,请求法院判令被告停止侵权、消除影响、赔礼道歉、赔偿经济损失和精神损失费。该出版社声称已取得中国摄影著作权协会的许可并支付了许可使用费,故不能接受原告提出的诉讼请求。

结合小张和李四两人情况,下面简要介绍乡村文化作品的著作权在授权著作权集体管理组织进行管理时应当注意的几个问题。

(一)可以授权著作权集体管理的乡村文化作品类型

乡村文化作品涉及的种类众多。那么,如何根据作品的种类来选择著作权集体管理组织呢?

音乐作品的著作权可以授权中国音乐著作权协会行使,前面提到的小张便可以将自己的乡村歌曲的著作权授权中国音乐著作权协会行使;对音乐作品、舞蹈作品等进行录音录像后形成的音像作品可以授权中国音像著作权集体管理协会行使,例如,小张将自己的音乐作品通过录音、录像的方式呈现出来的制品,便可授权中国音像著作权集体管理协会行使;小说、诗词、散文、剧本等文字作品的著作权可以授权中国文字著作权协会行使;摄影作品的著作权可以授权中国摄影著作权协会行使;视听作品的著作权可授权中国电影著作权协会行使。

(二)著作权集体管理合同

根据《著作权集体管理条例》第十九条,权利人可以与著作权集体管理组织以书面形式订立著作权集体管理合同,授权该组织对其依法享有的著作权或者与著作权有关的权利进行管理。李四在将自己摄影作品的著作权授权中国摄影著作权协会行使的时候,应当与该著作权集体管理组织订立书面合同。

(三) 授权著作权集体管理后的权利行使问题

著作权集体管理组织与权利人订立著作权集体管理合同后,权利人是否就因此丧失了自己相应的财产权利?根据《著作权集体管理条例》第二十条,权利人不得在合同约定期限内自己行使或者许可他人行使合同约定的由著作权集体管理组织行使的权利。例如,小张将自己10首音乐作品的全部著作财产权授权中国音乐著作权协会行使后,在合同约定的期限内,对这10首音乐作品进行的许可使用都由中国音乐著作权协会代替小张行使,小张自己不能行使这10首音乐作品的著作财产权,同样也不能再许可他人行使这10首音乐作品的著作财产权。但是,小张并没有丧失这10首音乐作品的著作财产权,因为小张并没有将其音乐作品的著作财产权转让给中国音乐著作权协会,只是许可其代为行使权利,所以这10首音乐作品的权利人仍然是小张。

(四) 授权著作权集体管理后的侵权应诉问题

著作权集体管理组织可以以自己的名义提起诉讼,这是否就排斥了权利人相应的诉讼权利?对于授权著作权集体管理组织后,权利人是否可以以自己的名义进行诉讼,取决于权利人与著作权集体管理组织之间订立的著作权集体管理合同是否对诉讼权利的行使作出了明确的约定。如果没有作出明确的约定,权利人就可以以自己的名义针对侵权行为进行诉讼。前文中李四虽然将著作财产权许可给中国摄影著作权协会,李四仍然有权针对侵权行为提起诉讼。

第三节 著作权许可使用

翠花与某出版社签订了关于其剪纸作品的图书出版合同,约定该出版社在合同有效期内,在中国境内以图书的形式出版发行翠花的剪纸作品,未经翠花书面许可,不得行使授权范围之外的权利。后该出版社按照合同约定出版发行了该图书,然后又同意某期刊刊登了翠花剪纸作品的图片。双方在合同中没有注明是否由该出版社行使专有使用权。那么,该出版社许可该期刊刊登翠花剪纸作品的行为是否构成侵权?翠花是否可以再授权其他出版社以同样的方式使用其剪纸作品呢?该例中涉及了著作权的许可使用问题,那什么是著作权的许可使用呢?

一、著作权许可使用的含义

著作权人有权将著作财产权中的一项或几项授权他人使用,并从中获得经济利益。著作权许可使用是指著作权人在保留其著作权人身份的前提下,授权他人以一定的方式、在一定的时期和一定的地域范围内商业性使用其作品的行为。需要注意的是,著作权的许可使用,可以是其中一项或者几项权利的许可使用,也可以是著作权全部权利的许可使用,但仅限于财产权利。由于著作权许可使用既能够维持著作权主体身份不变,又可以借助社会的力量来开发、利用著作权人的作品,使作品得以广泛传播,因此这是现实中非常重要的著作权行使方式。翠花将自己剪纸作品的复制、发行权许可给该出版社行使,就属于著作权的许可使用。此时,翠花仍然是其剪纸作品的著作权人。

二、著作权许可使用的特征

著作权许可使用实质是一种合同行为,其行为具有以下特征。

1. 著作权许可使用并不改变著作权的归属。通过著作权许可使用合同,被许可人获得的仅是在一定期间、约定范围内,以一定方式行使的对作品的使用权,著作权仍然全部属于著作权人,不会导致任何权利转移。一旦许可使用的期限届满,有关的权利即回归权利人,被许可人不得再使用。虽然翠花将自己剪纸作品的复制、发行权许可给该出版社使用，但是该复制、发行权仍然归属于翠花。

2. 被许可人行使权利受合同约定的限制。被许可人不能擅自行使超出约定范围的权利，只能以约定的方式、在约定的地域和期限内行使著作权，且不能擅自将自己享有的权利许可他人使用。

综上所述，该出版社只能在合同有效期间、在中国境内行使复制、发行权，并且不能将复制、发行权许可给其他人行使，即该出版社许可该期刊刊登翠花剪纸作品的行为构成侵权。

三、著作权许可使用的类型

著作权许可使用可以分为专有许可使用与非专有许可使用两种类型。

专有许可使用又称排他性许可使用，是指权利人仅许可一个被许可人以某种方式使用自己的作品，不再向第三人发放同样的许可，这是一种独占的使用权。若被许可人取得作品的某项专有使用权，就有权排除著作权人在内的任何人以同样的方式使用该作品。例如，某出版社与作者王五在图书出版合同中约定，由其享有王五某作品为期 10 年的在香港的专有出版权，即在这 10 年内，该图书出版社有权禁止任何人，包括作者王五在香港出版该作品。

非专有许可使用，是指权利人在许可一个被许可人以某种方式使用自己的作品后，还可以许可第三人以同样的方式使用该作品。换言之，著作权人不仅可以自己使用其作品，还可以许可其他人使用，被许可人可能不止一人。例如，音乐作品的著作权人，可以同时许可多个音乐团体演唱或演奏同一作品，与此同时，著作权人自己也可以在上述范围内使用相同的作品。

《著作权法实施条例》第二十四条规定，专有使用权的内容由合同约定，合同没有约定或者约定不明的，视为被许可人有权排除包括著作权人在内的任何人以同样的方式使用作品；除合同另有约定外，被许可人许可第三人行使同一权利，必须取得著作权人的许可。

翠花与该出版社在合同中并没有明确约定授权该出版社行使复制、发行其剪纸作品图书的权利是专有使用权还是非专有使用权，那么应视为该出版社有权排除包括翠花在内的任何人以同样的方式使用作品。

四、著作权许可使用合同

常见的著作权许可使用合同大致可分为以下四种。

（一）出版合同

出版合同是指著作权人许可出版者行使其作品的出版权的协议。由于作品的主要形式是图书和文章，故出版合同可以大体分为图书出版合同和文章发表合同。对于图书出版合同，《著作权法》有一些限制性的规定：①著作权人必须按照约定期限交付作品，出版者必须按照约定的质量和期限出版图书；②图书出版者经作者许可方可修改、删节作品；③图书重印、再版作品应当通知著作权人，并支付报酬；④图书脱销后，图书出版者拒绝重印、再版的，著作权人有权终止合同。

（二）表演合同

表演合同是指著作权人许可表演者行使其作品的表演权的协议。除了属于合理使用范围内的表演外，表演他人作品前都应当经过著作权人的许可。如果表演的是经过演绎创作的作品，则既需要取得演绎作品著作权人的许可，又需要取得原作品著作权人的许可。

（三）录制合同

录制合同是指著作权人许可录制者行使其作品的录制权的协议。根据《著作权法》第四十二条，录音录像制作者使用他人作品制作录音录像制品，应当取得著作权人许可并支付报酬。如果被录制的作品是演绎作品，则需要同时取得演绎作品著作权人和原作品著作权人的许可。

(四) 播放合同

播放合同是指著作权人许可播放者行使其作品的广播权的协议。播放者使用他人未发表的作品时，应该取得著作权人的许可。另外，电视台播放他人已经发表的影视作品也应当取得著作权人的许可。

五、乡村文化作品的著作权许可使用问题

乡村文化作品的著作权许可使用应当注意以下几个问题。

（一）著作权许可使用合同所采取的形式

著作权许可使用应当订立合同。《著作权法》第二十六条第一款规定，使用他人作品应当同著作权人订立许可使用合同，本法规定可以不经许可的除外。其中，"本法规定可以不经许可的除外"主要是指法律规定的合理使用和法定许可的情形。

著作权许可使用合同是否应当采取书面形式，视许可使用的类型而异。根据《著作权法实施条例》第二十三条，使用他人作品应当同著作权人订立许可使用合同，许可使用的权利是专有使用权的，应当采取书面形式，但是报社、期刊社刊登作品除外，而许可使用的权利是非专有使用权的，则并不强制要求使用书面形式。

（二）著作权许可使用合同中包含的内容

著作权许可使用合同，主要包括下列内容。

一是许可使用的权利种类。在许可他人使用时，著作权人必须明确许可使用的财产权利内容。许可使用的权利可以是复制权、发行权、出租权、展览权、表演权、放映权、广播权、信息网络传播权、摄制权、改编权、翻译权、汇编权以及其他权利的一项、几项或者全部。许可使用合同中著作权人未明确许可的权利，未经著作权人同意，另一方当事人不得行使。

二是许可使用的权利是专有使用权还是非专有使用权。在许可使用合同中要明确约定许可使用的权利是专有使用权还是非专有使用权。许可使用的权利是专有使用权或者非专有使用权这一合同条款将影响著作权人是否仍可以行使相关权利,以及被许可人是否存在与其他被许可人之间的竞争问题,应当在合同中明确约定。

三是许可使用的地域范围和期间。许可使用的地域范围是指被许可人实施权利的地域大小,如作品复制件的发行范围和电影作品的放映范围等。许可使用的期间可以是1年、5年、10年等,永久性的许可使用比较少见。地域范围和期间是进一步定义被许可使用权利范围的重要因素,在著作权保护期限内由许可人和被许可人双方自由约定。

四是付酬标准和办法。被许可人支付报酬是著作权人最主要的经济利益来源,在许可使用合同中应该对付酬标准和支付方式加以明确的规定。根据《著作权法》,著作权人许可他人行使其著作财产权,除可依照当事人双方的约定获得报酬外,还可按照国家著作权主管部门会同有关部门制定的付酬标准获得报酬。

五是违约责任。当事人不履行合同义务或者履行合同义务不符合约定条件的,所应承担的民事责任需要在合同中予以明确。

第四节 著作权转让

赵强是赵家村的一名农民作家,他以赵家村的本地文化生活为背景,以村民的真实生活为基础,创作了长篇小说《我和我的家》。某影视公司看中了该小说,准备将其拍摄成电视剧。为了避免竞争以及将来周边产品的开发,该影视公司准备向赵强提出将该小说的著作权转让给公司使用。此时就涉及著作权转让问题。那么,什么是著作权转让?

一、著作权转让的含义

著作权转让，是指著作权人将著作财产权中的一项、几项或全部有偿或无偿移交给他人所有的法律行为。这种转让通常可以通过买卖、互易、赠与或者遗赠等方式完成。其中，移交著作权的称为转让人，接受著作权的称为受让人。如果赵强将其作品的著作权转让给该影视公司，则这种行为就属于典型的著作权转让，赵强为转让人，该影视公司为受让人。

二、著作权转让的特点

著作权转让包括以下几个特点。

1. 著作权的转让仅涉及著作财产权，著作人身权是带有人身性质的权利，其本身是不可转让的，仅为著作权人所有。著作权转让的直接结果就是著作人身权与著作财产权将分属于不同的人。在赵强转让其作品的著作财产权后，该作品的著作人身权属于赵强，著作财产权的部分或者全部属于该影视公司。

2. 著作权转让是著作财产权中部分或全部权利的转让。对于著作财产权究竟是部分转让还是全部转让，应当依照当事人之间的合同约定。如果著作财产权转让合同约定不明确的，法律应当推定为未转让，以避免产生争议。

3. 著作财产权的转让并非作品原件所有权的转让，著作权转让与作品载体的所有权没有关系。如果转让行为涉及对作品原件的使用，在使用完毕后，应当将该作品的原件返还原著作权人或该作品原件的合法所有人。在赵强与该影视公司签订著作权转让合同后，该影视公司可以使用该小说的原稿，但是使用后应当将该小说的原稿返还给赵强，因为赵强虽然不享有该作品的著作财产权，但是该作品原稿的所有权人仍然是赵强。

三、乡村文化作品的著作权转让问题

结合上述例子,在进行乡村文化作品的著作权转让时应当注意以下几个问题。

(一) 著作权转让合同所采取的形式

在转让著作权时,双方当事人应当订立著作权转让合同,并且转让合同应采取书面形式。著作权转让是一种重要的民事法律行为,涉及著作权的归属问题,为了保障转让的真实、合法与公平,我国著作权法要求著作权转让应当订立书面合同。

(二) 著作权转让合同的内容

著作权转让合同主要包括下列内容。

一是作品的名称。著作财产权的转让合同应当载明作品的名称,明确转让的权利客体。

二是转让的权利种类、地域范围。当事人应当在转让合同中明确约定是转让部分还是全部权利,合同中没有明确约定的权利不会发生转让。对于转让后使用的地域范围也应有明确的界定。

三是转让价金。转让价金是转让人因转让权利而应获得的报酬,也是受让人应承担的主要义务。

四是交付转让价金的日期和方式。交付转让价金是受让人应承担的主要义务,当事人应当在转让合同中约定转让价金在什么时间交付,是分期交付还是一次性交付等内容。

五是违约责任。违约责任是指一方当事人不履行合同约定的义务,按照合同约定或法律规定而承担的法律责任。在合同中约定违约责任条款,可避免或者减少纠纷,同时也可以为发生纠纷后的处理提供依据。

(三) 著作财产权可以分别进行转让

著作财产权是可以分别进行转让的。例如,将复制、发行权转让给出版社,将表演权转让给表演团体,将改编权转让给影视公司,

将播放权转让给广播电台等。即使是一种著作财产权，也可以根据不同的使用方式分别转让给不同的人。例如，转让人将翻译权中的法文版翻译权转让给甲出版社，将英文版翻译权转让给乙出版社，将德文版翻译权转让给丙出版社等。著作权转让也可以是分地域的。例如，同是英文版翻译权，转让人将美国和加拿大地区的英文版翻译权转让给美国的一家出版社，将亚洲地区的英文版翻译权转让给印度的一家出版社，将欧洲地区的英文版翻译权转让给英国的一家出版社等。

第八章　著作权侵权行为及其解决

第一节　著作权侵权行为

村里的李二未经妻子张三的同意将其获奖的剪纸作品卖给了商贩，商贩随后将该剪纸作品拍照并署上自己的名字，以自己的名义将该剪纸作品的著作权卖给了某出版社制作图书并发行。那么，李二私自买卖张三剪纸作品的行为，商贩将张三剪纸作品拍照卖给出版社出版发行的行为，以及在张三剪纸作品上擅自署名的行为侵犯了张三的著作权吗？

根据侵权人实施行为的方式不同，著作权侵权行为通常包括两种情况：一种是直接侵权行为；另一种是间接侵权行为。

一、著作权直接侵权行为

著作权直接侵权行为是指未经著作权人许可，也没有法律依据，擅自行使著作权人的专有权利的行为。著作权包含了发表权、署名权、修改权、保护作品完整权等人身权利以及复制权等财产权利，若有人没有经过著作权人许可就行使这些权利，就有可能发生著作权直接侵权行为。前文案例中，商贩未经张三同意将其剪纸作品拍照并署上自己的名字，以自己的名义将著作权卖给了出版社做成图书出售。商贩未经许可拍照的行为侵犯了张三的复制权，在作品上署上自己的名字侵犯了张三的署名权，以自己的名义转让张三的作品侵犯了张三的复制权和发行权。上述复制权、发行权、署名权是著作权人张三的专有权利，该商贩未经许可，又没有合理使用或者法定许可的理由来行使这些权利，其行为构成著作权直接侵权行为。

二、著作权间接侵权行为

著作权间接侵权行为是指行为人并未直接实施受著作权人专有权利控制的行为，但该行为与著作权直接侵权行为有关并具有可责备性。著作权间接侵权行为的构成除了要求行为人实施了侵权行为以外，还要求行为人主观上存在故意或者过失。

著作权间接侵权行为主要有两种形式，一是教唆和引诱他人侵权及故意帮助他人侵权。这种形式中的行为人自己并没有实施著作权直接侵权行为，但是教唆或引诱其他人实施了直接侵权行为，或者明知他人的行为构成侵权，仍然给予实质性帮助。例如，如果李二明知该商贩会实施这一系列著作权侵权行为，仍然将张三的剪纸作品卖给他，那么李二的行为就构成了著作权间接侵权行为。二是行为人本身没有著作权直接侵权行为，但是其行为如果不制止将导致著作权直接侵权行为的发生或者扩大直接侵权行为的损害后果。例如，如果对专门生产盗版光碟机器的行为不予以制止，一旦机器出售就会被用于制造盗版光碟，导致著作权直接侵权行为的发生。因此，专门生产盗版光碟机器的行为就属于著作权间接侵权行为。

综上分析，李二将张三剪纸作品卖给商贩的行为并没有侵犯其著作权。这里买卖剪纸作品的行为和买卖著作权法里的作品的行为是不同的，李二将张三的剪纸作品卖给商贩，是把剪纸作品作为民法上的物出售，只涉及张三对剪纸作品所承载物理载体享有的处分权，不涉及著作权。该商贩的一系列行为则侵犯了张三对其作品享有的署名权、复制权和发行权。

第二节　乡村文化活动面临的著作权侵权问题

张三发现隔壁村的王小翠想要拿去参加剪纸比赛的剪纸作品与自己的剪纸作品看起来有些相像，经过张三的仔细比对后，她发现两个作品除了一些细微之处不同外，其余都非常相似，此时张三面临的就是著作权侵权问题。在乡村文化活动中，著作权侵权行为时有发生，结合著作权本身的特点以及乡村文化活动的一些实际情况，乡村文化活动主要面临以下几个著作权侵权问题。

一、著作权容易被侵犯

隔壁村的王小翠为什么会剪出相似剪纸作品并拿去参加剪纸比赛呢？其实是张三自己将自己新创作的剪纸作品拿给王小翠看的，王小翠觉得好看，就学着也剪了同样的花样，还拿去参加了比赛。王小翠并未觉得自己的行为是侵权的，张三也很难发现存在侵权行为。由于著作权不像人身权、物权等的权利对象是可见的，当其权利受到侵害时能立即发现并采取制止措施，使他人及时停止侵权行为并采取补救措施，著作权正好相反，其权利对象是无形的智力成果，侵权人的侵权成本更低，有时只需要更换承载作品的载体或者将其稍加变动即可，因此著作权非常容易被侵犯。例如，李二将张三的剪纸作品卖给商贩，是侵犯了张三的物权，剪纸作品交给商贩后，张三会找不到该作品，很容易发现侵权。但是，王小翠是模仿张三的作品自己创作出新的剪纸，这样张三就很难发现自己的作品被侵权了。

二、著作权侵权取证困难

两个作品有相似的外观，在很多时候是无法证明存在抄袭现象的。例如，张三发现自己的剪纸作品被抄袭后，她如何证明自己剪纸作品的完成时间早于王小翠剪纸作品的完成时间呢？如果二者剪纸作品中表现的形象是生活中常见的物品，张三如何证明王小翠的创作思考与自己的创作考量构成实质性相同呢？如果王小翠声称自己从未接触过张三的作品，二者剪纸作品构成相似纯属巧合，那张三如何拿出有力的证据来证明王小翠确实接触过作品并且在创作过程中完全借鉴了张三的作品呢？由此可知，要想证明自己的作品被抄袭，很多时候光在取证调查这一环就容易受到较大的阻碍，且在乡村文化生活中大多数人的著作权维权意识较弱，即使是准备进行调查取证也不知从何处下手。

三、著作权维权成本高昂

一场著作权侵权诉讼自立案到开庭可能需要半年时间甚至更久，耗时长、花费大、赔偿小，著作权人如果在一场著作权侵权诉讼中耗费非常多的精力，也会对自己的生活产生影响。那么，如何才能降低维权成本、有效维护自身权益呢？这就需要根据实际情况来合理地选择解决著作权纠纷的维权途径。

第三节 著作权侵权的维权途径

著作权侵权的维权途径主要有四个：协商和解、调解、仲裁和诉讼。

一、协商和解

协商和解是在当事人产生矛盾时双方自行解决的一种手段。当著作权受到侵害后，著作权人可与侵权人双方私下达成协议以解决矛盾，这可以节约公共资源、降低维权成本。前例中张三可以自己联系王小翠，告知她侵犯了自己的著作权，双方可以协商一个解决办法。该方式的好处是较为便捷，不足之处在于由于没有公权力等第三方的介入，因此无法强制当事人履行义务，只能靠当事人自觉遵守约定，履行自己的义务。

二、调解

调解，即为在第三方的见证下对双方进行疏导，提出意见、化解矛盾的一种方式。在我国，调解包括诉讼调解、行政调解、仲裁调解和人民调解。这里的调解是指人民调解。

人民调解又称诉讼外调解，是指在人民调解委员会主持下所进行的调解活动。人民调解委员会是村民委员会和居民委员会下设的调解民间纠纷的群众性自治组织，在基层人民政府和基层人民法院的指导下进行工作。

当张三和王小翠无法达成私下和解时可以请求人民调解委员会介入，调解自己和王小翠之间的著作权侵权纠纷。如果张三和王小翠在人民调解委员的帮助下达成和解，则由人民调解委员会制作一份调解书。如果王小翠不承认调解结果，张三可以以该调解书为依据，经人民法院确认调解书有效后申请强制执行。

人民调解的好处是能起到宣传法制、预防纠纷、防止矛盾扩大的作用，可以在第三方人民调解委员会的介入下督促另一方当事人履行其义务。另外，人民调解委员会调解纠纷是不收取任何费用的，不足之处是经调解达成的协议虽然具有法律效力，但是不得强制执行，必须请求人民法院确认后才可以申请强制执行。

三、仲裁

仲裁是指由双方当事人达成协议，自愿将争议提交仲裁机构，由仲裁机构对争议进行评判并作出裁决的一种解决争议的方法。

（一）提起仲裁的条件

根据《中华人民共和国仲裁法》，当事人采用仲裁方式解决纠纷，应当双方自愿达成仲裁协议。没有仲裁协议，一方申请仲裁的，仲裁委员会不予受理。也就是说，仲裁需要在双方当事人自愿并达成仲裁协议的情况下才能提起。张三如果想用仲裁的方式解决纠纷，就需要和王小翠达成书面仲裁协议。

仲裁协议包括合同中订立的仲裁条款和以其他书面方式在纠纷发生前或者纠纷发生后达成的请求仲裁的协议。仲裁协议的内容主要有：①请求仲裁的意愿；②确定需要仲裁的事项；③选定的仲裁委员会。

（二）提起仲裁的地点

仲裁需要到仲裁机构提起，仲裁机构被称为仲裁委员会。仲裁委员会可以在直辖市和省、自治区人民政府所在地的市设立，也可以根据需要在其他设区的市设立，仲裁机构并不像政府机构和法院那样按行政区划层层设立。

（三）对仲裁裁决结果不服应该怎么办

根据仲裁法，仲裁实行一裁终局制度。裁决作出后，当事人就同一纠纷再申请仲裁或者向人民法院起诉的，仲裁委员会或者人民法院不予受理，仲裁裁决一经作出就发生法律效力。如果王小翠对仲裁裁决结果不满意，并且有证据证明仲裁裁决存在不合法的情形，可以向仲裁委员会所在地的中级人民法院申请撤销裁决。裁决被人民法院依法裁定撤销后，当事人可以根据双方重新达成的仲裁协议申请仲裁，也可以向人民法院起诉。如果仲裁裁决没有被撤销，张三可以向法院申请强制执行。

仲裁具有灵活性和快捷性，充分尊重当事人的意志。一裁终局的制度大大减少了解决纠纷的环节，缩短了解决纠纷的时间，相较于诉讼降低了所需费用。但是，一裁终局的制度使当事人无法再次请求救济，只能选择诉讼来阻止仲裁的强制执行。

四、诉讼

诉讼是指国家审判机关即人民法院，依照法律规定，在当事人和其他诉讼参与人的参加下，依法解决当事人争议的活动，俗称"打官司"。

诉讼包括民事诉讼、行政诉讼和刑事诉讼。民事诉讼是解决民事争议的活动。行政诉讼是自然人、法人或者非法人组织认为行政机关的具体行政行为侵犯了其合法权益，依法向人民法院提起的诉讼，是人民法院适用司法程序解决行政争议的活动。刑事诉讼是人民法院、人民检察院和公安机关依照法定程序解决被追诉者刑事责任问题的活动。

第四节　著作权侵权诉讼

著作权侵权诉讼属于民事诉讼。要进行诉讼，就需要了解下列事项。

一、起诉前的准备

（一）起诉状

起诉首先需要准备起诉状。起诉状主要包括下列事项：第一，当事人的姓名、性别、年龄、民族、职业、工作单位和住所，法人或者非法人组织的名称、住所和法定代表人或者主要负责人的姓名、职务；第二，诉讼请求和所根据的事实与理由；第三，证据和证据来源，证人姓名和住所。此外，起诉状还应写明受诉法院的名称和起诉时间，并由原告签名或盖章。

（二）证据

要想打赢官司，就需要提供有力的证据来支持自己的诉讼请求，在起诉前就应该收集好充分的证据。张三欲对王小翠提起著作权侵权诉讼，就需要收集王小翠存在侵权行为的证据，包括：自己的剪纸作品、王小翠的剪纸作品，王小翠曾经接触过自己作品的实质性证据如证人证言或者王小翠自己的陈述，业界专业人士对两个作品相似程度的陈述等。

（三）诉前保全

提起诉讼需要时间，有时候等到法院受理案件时，著作权侵权行为已经给著作权人带来了很大的损失。为了避免这种情况的发生，著作权人可以在起诉前向法院申请采取保全措施。根据民事诉讼法，人民法院对于可能因当事人一方的行为或者其他原因，使判决难以执行或者造成当事人其他损害的案件，根据对方当事人的申请，可以裁定对其财产进行保全，责令其作出一定行为或者禁止其作出一定行为，即诉前保全的对象可以是财产，也可以是行为。例如，有人购买制作盗版光碟的机器，准备实施盗版行为，如果等到诉讼结束，则可能已经有大量盗版光碟流入了市场，此时，著作权人可以申请法院采取保全措施，对该机器进行查封、扣押。

二、有管辖权的法院

我国的法院分为四个等级：基层人民法院、中级人民法院、高级人民法院、最高人民法院。根据行政区划设置，每个区县都设有基层人民法院，每个划区的市都设有中级人民法院。除此之外，还有一些专门法院包括军事法院、铁路运输法院、海事法院、知识产权法院。准备好相关材料后，当事人应该到哪个法院起诉呢？

从级别上讲，著作权民事纠纷案件由中级人民法院或者知识产权法院管辖，部分案件可以由特别指定的区法院管辖。

从地域上讲，因侵害著作权行为提起的民事诉讼，由侵权行为的实施地、侵权复制品储藏地或者查封扣押地法院管辖。其中，侵权复制品储藏地是指大量或者经常性储存、隐匿侵权复制品所在地，查封扣押地是指海关、版权等行政机关依法查封、扣押侵权复制品所在地。被告为公民的，所在地一般为户籍所在地，但如果户籍所在地与经常居住地不一致，则由经常居住地人民法院管辖。经常居住地是指离开户籍所在地至起诉时连续居住一年以上的地方。被告为法人或者非法人组织的，所在地一般为法人或者非法人组织的主要办事机构所在地，不能确定的，注册地或者登记地为所在地。同一诉讼的几个被告住所地、经常居住地在两个以上人民法院辖区的，各人民法院都有管辖权。例如，盗版出版物的储藏地或查封、扣押地的人民法院对盗版出版物侵权案件均有管辖权。

三、在诉讼中应该注意的事项

（一）诉讼费用

著作权人到法院起诉，需要缴纳诉讼费用。诉讼费用的金额和诉讼请求涉及的金额有关，一般情况下，金额越大费用就越高。根据民事诉讼法，原告未按规定预交案件受理费，经法院通知后仍不预交的，又没有申请免交或者缓交的，或申请未批准的，案件应按照撤诉处理。当然，撤诉以后还可以再起诉，但是如此一来，案件耗时就会增加。除了诉讼费用以外，可能还会有一些其他支出，例如，在调查证据时产生的交通、住宿费用，聘请律师的费用，误工损失等。

（二）诉讼时间

著作权侵权诉讼的第一审案件一般适用普通程序审理，审理的期限是自立案之日起六个月内。有特殊情况需要延长的，经本院院长批准，可以延长六个月，还需要延长的，需报请上级人民法院批准。除此之外，公告、鉴定和当事人和解等时间是不计入审理期限的。如果不服一审判决而提起上诉，第二审的审理期限是自立案之日起三个月内。有特殊情况需要延长的，由本院院长批准。

（三）出庭

在著作权侵权诉讼中，原告和被告可以自己出庭，也可以由委托代理人出庭。委托代理人可以是律师、基层法律服务者、近亲属等。无论是自己出庭还是由委托代理人出庭，都需要按时到庭，并且不能中途随意退庭。原告经传票传唤，无正当理由拒不到庭的，或者未经法庭许可中途退庭的，可以按撤诉处理。被告经传票传唤，无正当理由拒不到庭的，或者未经法庭许可中途退庭的，可以缺席判决。

四、对判决结果不服的处理

当事人不服人民法院第一审判决的,有权在判决书送达之日起十五日内向上级人民法院提起上诉。上诉应当向原审人民法院递交上诉状,并按照对方当事人的人数提出副本,上诉于原审人民法院的上级人民法院。当事人直接向第二审人民法院递交上诉状的,第二审人民法院应当在五日内将上诉状移交原审人民法院。原审人民法院进行相关程序后应当在五日内连同全部案卷和证据,报送第二审人民法院。例如,张三与王小翠在市中级人民法院进行诉讼后,此时张三如果不服判决结果,可以提起上诉,上诉到省高级人民法院。但是,张三提交上诉状的地点仍然是原来审理案件的市中级人民法院,由该法院将相关文书送达后再全部移交到省高级人民法院进行二审。

第五节　侵犯著作权可能承担的责任

如果张三准备起诉侵犯其著作权的商贩,可以要求其承担哪些责任呢?

根据著作权法,侵犯著作权的行为可能承担三类法律责任:民事责任、行政责任、刑事责任。

一、民事责任

根据《著作权法》第五十二条,有侵害他人著作权行为的,应当根据情况,承担停止侵害、消除影响、赔礼道歉、赔偿损失等民事责任。

(一)承担责任的方式

1. 停止侵害。对于已经发生或者正在进行的侵害著作权的行为,可以请求法院责令侵权人停止侵权,如对未经许可的发表、复制、表演等行为，采取封存、扣押侵权物，停止表演等措施来保护著作权人的权利。

2. 消除影响、赔礼道歉。对于有损权利人署名权、发表权、修改权、保护作品完整权的行为，如歪曲、篡改他人作品的行为，权利人可要求侵权者赔礼道歉、消除影响。前文案例中的商贩擅自在张三的作品上署上自己的名字，张三可以在诉讼中要求该商贩在报刊上刊登致歉声明，消除因其行为而带来的不良影响。

3. 赔偿损失。对于侵犯著作权的行为，侵权人应赔偿因其侵权行为而给著作权人造成的经济损失。

（二）赔偿数额的计算

《著作权法》第五十四条规定，侵犯著作权或者与著作权有关的权利的，侵权人应当按照权利人因此受到的实际损失或者侵权人的违法所得给予赔偿；权利人的实际损失或者侵权人的违法所得难以计算的，可以参照该权利使用费给予赔偿。对故意侵犯著作权或者与著作权有关的权利，情节严重的，可以在按照上述方法确定数额的一倍以上五倍以下给予赔偿。权利人的实际损失、侵权人的违法所得、权利使用费难以计算的，由人民法院根据侵权行为的情节，判决给予五百元以上五百万元以下的赔偿。赔偿数额还应当包括权利人为制止侵权行为所支付的合理开支。

根据这一规定，赔偿数额的计算标准，首先是根据权利人因侵权行为受到的实际损失或者侵权人的违法所得。例如，人民法院可以依据前文案例中的商贩因侵权行为而给张三造成的实际损失，或者按照该商贩所获得的销售图书的收益来计算赔偿数额。

如果张三的实际损失和该商贩的违法所得很难确定，就可以张三的作品在授权别人使用时所收取的费用为标准来计算赔偿数额。如果该商贩侵权的行为情节严重，则张三可以在按照上述方法确定的数额的一倍以上五倍以下要求其进行赔偿。

在以上方法均难以计算时，由法官在五百元到五百万元之间，根据侵权情节轻重，判决赔偿数额。除此之外，侵权人还需要支付著作权人为了制止侵权行为所付出的合理开支，如交通费、鉴定费、公证费、律师费等。

二、行政责任

根据《著作权法》第五十三条，侵权行为同时损害公共利益的，由主管著作权的部门责令停止侵权行为，予以警告，没收违法所得，没收、无害化销毁处理侵权复制品以及主要用于制作侵权复制品的材料、工具、设备等。违法经营额五万元以上的，可以并处违法经营额一倍以上五倍以下的罚款；没有违法经营额、违法经营额难以计算或者不足五万元的，可以并处二十五万元以下的罚款。

三、刑事责任

侵犯著作权的行为在大多数情况下只需要承担民事责任，但是当著作权侵权行为扰乱市场经营秩序，严重损害社会公共利益，违法所得数额较大或有其他严重情节时，就需要承担刑事责任，以对严重侵犯著作权的行为加以严厉制裁。

我国刑法关于著作权犯罪行为的规定有两种罪名：侵犯著作权罪和销售侵权复制品罪。

（1）侵犯著作权罪。以营利为目的，有下列侵犯著作权或者与著作权有关的权利的情形之一，违法所得数额较大或者有其他严重情节的，处三年以下有期徒刑，并处或者单处罚金；违法所得数额巨大或者有其他特别严重情节的，处三年以上十年以下有期徒刑，并处罚金：①未经著作权人许可，复制发行、通过信息网络向公众传播其文字作品、音乐、美术、视听作品、计算机软件及法律、行政法规规定的其他作品的；②出版他人享有专有出版权的图书的；③未经录音录像制作者许可，复制发行、通过信息网络向公众传播其制作的录音录像的；④未经表演者许可，复制发行录有其表演的录音录像制品，或者通过信息网络向公众传播其表演的；⑤制作、出售假冒他人署名的美术作品的；⑥未经著作权人或者与著作权有关的权利人许可，故意避开或者破坏权利人为其作品、录音录像制品等采取的保护著作权或者与著作权有关的权利的技术措施的。

（2）销售侵权复制品罪。以营利为目的，销售明知是我国刑法第二百一十七条规定的侵权复制品，违法所得数额巨大或者有其他严重情节的，处五年以下有期徒刑，并处或者单处罚金。

附录一

中华人民共和国著作权法

（1990年9月7日第七届全国人民代表大会常务委员会第十五次会议通过　根据2001年10月27日第九届全国人民代表大会常务委员会第二十四次会议《关于修改〈中华人民共和国著作权法〉的决定》第一次修正　根据2010年2月26日第十一届全国人民代表大会常务委员会第十三次会议《关于修改〈中华人民共和国著作权法〉的决定》第二次修正　根据2020年11月11日第十三届全国人民代表大会常务委员会第二十三次会议《关于修改〈中华人民共和国著作权法〉的决定》第三次修正）

目　　录

第一章　总则
第二章　著作权
　第一节　著作权人及其权利
　第二节　著作权归属
　第三节　权利的保护期
　第四节　权利的限制
第三章　著作权许可使用和转让合同
第四章　与著作权有关的权利
　第一节　图书、报刊的出版
　第二节　表演
　第三节　录音录像
　第四节　广播电台、电视台播放

第五章　著作权和与著作权有关的权利的保护
第六章　附则

第一章　总　则

第一条　为保护文学、艺术和科学作品作者的著作权，以及与著作权有关的权益，鼓励有益于社会主义精神文明、物质文明建设的作品的创作和传播，促进社会主义文化和科学事业的发展与繁荣，根据宪法制定本法。

第二条　中国公民、法人或者非法人组织的作品，不论是否发表，依照本法享有著作权。

外国人、无国籍人的作品根据其作者所属国或者经常居住地国同中国签订的协议或者共同参加的国际条约享有的著作权，受本法保护。

外国人、无国籍人的作品首先在中国境内出版的，依照本法享有著作权。

未与中国签订协议或者共同参加国际条约的国家的作者以及无国籍人的作品首次在中国参加的国际条约的成员国出版的，或者在成员国和非成员国同时出版的，受本法保护。

第三条　本法所称的作品，是指文学、艺术和科学领域内具有独创性并能以一定形式表现的智力成果，包括：

（一）文字作品；

（二）口述作品；

（三）音乐、戏剧、曲艺、舞蹈、杂技艺术作品；

（四）美术、建筑作品；

（五）摄影作品；

（六）视听作品；

（七）工程设计图、产品设计图、地图、示意图等图形作品和模型作品；

（八）计算机软件；

（九）符合作品特征的其他智力成果。

第四条 著作权人和与著作权有关的权利人行使权利，不得违反宪法和法律，不得损害公共利益。国家对作品的出版、传播依法进行监督管理。

第五条 本法不适用于：

（一）法律、法规，国家机关的决议、决定、命令和其他具有立法、行政、司法性质的文件，及其官方正式译文；

（二）单纯事实消息；

（三）历法、通用数表、通用表格和公式。

第六条 民间文学艺术作品的著作权保护办法由国务院另行规定。

第七条 国家著作权主管部门负责全国的著作权管理工作；县级以上地方主管著作权的部门负责本行政区域的著作权管理工作。

第八条 著作权人和与著作权有关的权利人可以授权著作权集体管理组织行使著作权或者与著作权有关的权利。依法设立的著作权集体管理组织是非营利法人，被授权后可以以自己的名义为著作权人和与著作权有关的权利人主张权利，并可以作为当事人进行涉及著作权或者与著作权有关的权利的诉讼、仲裁、调解活动。

著作权集体管理组织根据授权向使用者收取使用费。使用费的收取标准由著作权集体管理组织和使用者代表协商确定，协商不成的，可以向国家著作权主管部门申请裁决，对裁决不服的，可以向人民法院提起诉讼；当事人也可以直接向人民法院提起诉讼。

著作权集体管理组织应当将使用费的收取和转付、管理费的提取和使用、使用费的未分配部分等总体情况定期向社会公布，并应当建立权利信息查询系统，供权利人和使用者查询。国家著作权主管部门应当依法对著作权集体管理组织进行监督、管理。

著作权集体管理组织的设立方式、权利义务、使用费的收取和分配，以及对其监督和管理等由国务院另行规定。

第二章 著 作 权

第一节 著作权人及其权利

第九条 著作权人包括：

（一）作者；

（二）其他依照本法享有著作权的自然人、法人或者非法人组织。

第十条 著作权包括下列人身权和财产权：

（一）发表权，即决定作品是否公之于众的权利；

（二）署名权，即表明作者身份，在作品上署名的权利；

（三）修改权，即修改或者授权他人修改作品的权利；

（四）保护作品完整权，即保护作品不受歪曲、篡改的权利；

（五）复制权，即以印刷、复印、拓印、录音、录像、翻录、翻拍、数字化等方式将作品制作一份或者多份的权利；

（六）发行权，即以出售或者赠与方式向公众提供作品的原件或者复制件的权利；

（七）出租权，即有偿许可他人临时使用视听作品、计算机软件的原件或者复制件的权利，计算机软件不是出租的主要标的的除外；

（八）展览权，即公开陈列美术作品、摄影作品的原件或者复制件的权利；

（九）表演权，即公开表演作品，以及用各种手段公开播送作品的表演的权利；

（十）放映权，即通过放映机、幻灯机等技术设备公开再现美术、摄影、视听作品等的权利；

（十一）广播权，即以有线或者无线方式公开传播或者转播作品，以及通过扩音器或者其他传送符号、声音、图像的类似工具向公众传播广播的作品的权利，但不包括本款第十二项规定的权利；

（十二）信息网络传播权，即以有线或者无线方式向公众提供，使公众可以在其选定的时间和地点获得作品的权利；

（十三）摄制权，即以摄制视听作品的方法将作品固定在载体上的权利；

（十四）改编权，即改变作品，创作出具有独创性的新作品的权利；

（十五）翻译权，即将作品从一种语言文字转换成另一种语言文字的权利；

（十六）汇编权，即将作品或者作品的片段通过选择或者编排，汇集成新作品的权利；

（十七）应当由著作权人享有的其他权利。

著作权人可以许可他人行使前款第五项至第十七项规定的权利，并依照约定或者本法有关规定获得报酬。

著作权人可以全部或者部分转让本条第一款第五项至第十七项规定的权利，并依照约定或者本法有关规定获得报酬。

第二节　著作权归属

第十一条　著作权属于作者，本法另有规定的除外。

创作作品的自然人是作者。

由法人或者非法人组织主持，代表法人或者非法人组织意志创作，并由法人或者非法人组织承担责任的作品，法人或者非法人组织视为作者。

第十二条　在作品上署名的自然人、法人或者非法人组织为作者，且该作品上存在相应权利，但有相反证明的除外。

作者等著作权人可以向国家著作权主管部门认定的登记机构办理作品登记。

与著作权有关的权利参照适用前两款规定。

第十三条 改编、翻译、注释、整理已有作品而产生的作品，其著作权由改编、翻译、注释、整理人享有，但行使著作权时不得侵犯原作品的著作权。

第十四条 两人以上合作创作的作品，著作权由合作作者共同享有。没有参加创作的人，不能成为合作作者。

合作作品的著作权由合作作者通过协商一致行使；不能协商一致，又无正当理由的，任何一方不得阻止他方行使除转让、许可他人专有使用、出质以外的其他权利，但是所得收益应当合理分配给所有合作作者。

合作作品可以分割使用的，作者对各自创作的部分可以单独享有著作权，但行使著作权时不得侵犯合作作品整体的著作权。

第十五条 汇编若干作品、作品的片段或者不构成作品的数据或者其他材料，对其内容的选择或者编排体现独创性的作品，为汇编作品，其著作权由汇编人享有，但行使著作权时，不得侵犯原作品的著作权。

第十六条 使用改编、翻译、注释、整理、汇编已有作品而产生的作品进行出版、演出和制作录音录像制品，应当取得该作品的著作权人和原作品的著作权人许可，并支付报酬。

第十七条 视听作品中的电影作品、电视剧作品的著作权由制作者享有，但编剧、导演、摄影、作词、作曲等作者享有署名权，并有权按照与制作者签订的合同获得报酬。

前款规定以外的视听作品的著作权归属由当事人约定；没有约定或者约定不明确的，由制作者享有，但作者享有署名权和获得报酬的权利。

视听作品中的剧本、音乐等可以单独使用的作品的作者有权单独行使其著作权。

第十八条 自然人为完成法人或者非法人组织工作任务所创作的作品是职务作品，除本条第二款的规定以外，著作权由作者享有，但法人或者非法人组织有权在其业务范围内优先使用。作品完成两年内，未经单位同意，作者不得许可第三人以与单位使用的相同方式使用该作品。

有下列情形之一的职务作品，作者享有署名权，著作权的其他权利由法人或者非法人组织享有，法人或者非法人组织可以给予作者奖励：

（一）主要是利用法人或者非法人组织的物质技术条件创作，并由法人或者非法人组织承担责任的工程设计图、产品设计图、地图、示意图、计算机软件等职务作品；

（二）报社、期刊社、通讯社、广播电台、电视台的工作人员创作的职务作品；

（三）法律、行政法规规定或者合同约定著作权由法人或者非法人组织享有的职务作品。

第十九条 受委托创作的作品，著作权的归属由委托人和受托人通过合同约定。合同未作明确约定或者没有订立合同的，著作权属于受托人。

第二十条 作品原件所有权的转移，不改变作品著作权的归属，但美术、摄影作品原件的展览权由原件所有人享有。

作者将未发表的美术、摄影作品的原件所有权转让给他人，受让人展览该原件不构成对作者发表权的侵犯。

第二十一条 著作权属于自然人的，自然人死亡后，其本法第十条第一款第五项至第十七项规定的权利在本法规定的保护期内，依法转移。

著作权属于法人或者非法人组织的，法人或者非法人组织变更、终止后，其本法第十条第一款第五项至第十七项规定的权利在本法规定的保护期内，由承受其权利义务的法人或者非法人组织享有；没有承受其权利义务的法人或者非法人组织的，由国家享有。

第三节 权利的保护期

第二十二条 作者的署名权、修改权、保护作品完整权的保护期不受限制。

第二十三条 自然人的作品,其发表权、本法第十条第一款第五项至第十七项规定的权利的保护期为作者终生及其死亡后五十年,截止于作者死亡后第五十年的 12 月 31 日;如果是合作作品,截止于最后死亡的作者死亡后第五十年的 12 月 31 日。

法人或者非法人组织的作品、著作权(署名权除外)由法人或者非法人组织享有的职务作品,其发表权的保护期为五十年,截止于作品创作完成后第五十年的 12 月 31 日;本法第十条第一款第五项至第十七项规定的权利的保护期为五十年,截止于作品首次发表后第五十年的 12 月 31 日,但作品自创作完成后五十年内未发表的,本法不再保护。

视听作品,其发表权的保护期为五十年,截止于作品创作完成后第五十年的 12 月 31 日;本法第十条第一款第五项至第十七项规定的权利的保护期为五十年,截止于作品首次发表后第五十年的 12 月 31 日,但作品自创作完成后五十年内未发表的,本法不再保护。

第四节 权利的限制

第二十四条 在下列情况下使用作品,可以不经著作权人许可,不向其支付报酬,但应当指明作者姓名或者名称、作品名称,并且不得影响该作品的正常使用,也不得不合理地损害著作权人的合法权益:

(一)为个人学习、研究或者欣赏,使用他人已经发表的作品;

(二)为介绍、评论某一作品或者说明某一问题,在作品中适当引用他人已经发表的作品;

(三)为报道新闻,在报纸、期刊、广播电台、电视台等媒体中不可避免地再现或者引用已经发表的作品；

（四）报纸、期刊、广播电台、电视台等媒体刊登或者播放其他报纸、期刊、广播电台、电视台等媒体已经发表的关于政治、经济、宗教问题的时事性文章，但著作权人声明不许刊登、播放的除外；

（五）报纸、期刊、广播电台、电视台等媒体刊登或者播放在公众集会上发表的讲话，但作者声明不许刊登、播放的除外；

（六）为学校课堂教学或者科学研究，翻译、改编、汇编、播放或者少量复制已经发表的作品，供教学或者科研人员使用，但不得出版发行；

（七）国家机关为执行公务在合理范围内使用已经发表的作品；

（八）图书馆、档案馆、纪念馆、博物馆、美术馆、文化馆等为陈列或者保存版本的需要，复制本馆收藏的作品；

（九）免费表演已经发表的作品，该表演未向公众收取费用，也未向表演者支付报酬，且不以营利为目的；

（十）对设置或者陈列在公共场所的艺术作品进行临摹、绘画、摄影、录像；

（十一）将中国公民、法人或者非法人组织已经发表的以国家通用语言文字创作的作品翻译成少数民族语言文字作品在国内出版发行；

（十二）以阅读障碍者能够感知的无障碍方式向其提供已经发表的作品；

（十三）法律、行政法规规定的其他情形。

前款规定适用于对与著作权有关的权利的限制。

第二十五条 为实施义务教育和国家教育规划而编写出版教科书，可以不经著作权人许可，在教科书中汇编已经发表的作品片段或者短小的文字作品、音乐作品或者单幅的美术作品、摄影作品、图形作品，但应当按照规定向著作权人支付报酬，指明作者姓名或者名称、作品名称，并且不得侵犯著作权人依照本法享有的其他权利。

前款规定适用于对与著作权有关的权利的限制。

第三章　著作权许可使用和转让合同

第二十六条　使用他人作品应当同著作权人订立许可使用合同，本法规定可以不经许可的除外。

许可使用合同包括下列主要内容：

（一）许可使用的权利种类；

（二）许可使用的权利是专有使用权或者非专有使用权；

（三）许可使用的地域范围、期间；

（四）付酬标准和办法；

（五）违约责任；

（六）双方认为需要约定的其他内容。

第二十七条　转让本法第十条第一款第五项至第十七项规定的权利，应当订立书面合同。

权利转让合同包括下列主要内容：

（一）作品的名称；

（二）转让的权利种类、地域范围；

（三）转让价金；

（四）交付转让价金的日期和方式；

（五）违约责任；

（六）双方认为需要约定的其他内容。

第二十八条　以著作权中的财产权出质的，由出质人和质权人依法办理出质登记。

第二十九条　许可使用合同和转让合同中著作权人未明确许可、转让的权利，未经著作权人同意，另一方当事人不得行使。

第三十条　使用作品的付酬标准可以由当事人约定，也可以按照国家著作权主管部门会同有关部门制定的付酬标准支付报酬。当事人约定不明确的，按照国家著作权主管部门会同有关部门制定的付酬标准支付报酬。

第三十一条　出版者、表演者、录音录像制作者、广播电台、电视台等依照本法有关规定使用他人作品的，不得侵犯作者的署名权、修改权、保护作品完整权和获得报酬的权利。

第四章　与著作权有关的权利

第一节　图书、报刊的出版

第三十二条　图书出版者出版图书应当和著作权人订立出版合同，并支付报酬。

第三十三条　图书出版者对著作权人交付出版的作品，按照合同约定享有的专有出版权受法律保护，他人不得出版该作品。

第三十四条　著作权人应当按照合同约定期限交付作品。图书出版者应当按照合同约定的出版质量、期限出版图书。

图书出版者不按照合同约定期限出版，应当依照本法第六十一条的规定承担民事责任。

图书出版者重印、再版作品的，应当通知著作权人，并支付报酬。图书脱销后，图书出版者拒绝重印、再版的，著作权人有权终止合同。

第三十五条　著作权人向报社、期刊社投稿的，自稿件发出之日起十五日内未收到报社通知决定刊登的，或者自稿件发出之日起三十日内未收到期刊社通知决定刊登的，可以将同一作品向其他报社、期刊社投稿。双方另有约定的除外。

作品刊登后，除著作权人声明不得转载、摘编的外，其他报刊可以转载或者作为文摘、资料刊登，但应当按照规定向著作权人支付报酬。

第三十六条　图书出版者经作者许可，可以对作品修改、删节。

报社、期刊社可以对作品作文字性修改、删节。对内容的修改，应当经作者许可。

第三十七条 出版者有权许可或者禁止他人使用其出版的图书、期刊的版式设计。

前款规定的权利的保护期为十年，截止于使用该版式设计的图书、期刊首次出版后第十年的12月31日。

第二节 表 演

第三十八条 使用他人作品演出，表演者应当取得著作权人许可，并支付报酬。演出组织者组织演出，由该组织者取得著作权人许可，并支付报酬。

第三十九条 表演者对其表演享有下列权利：

（一）表明表演者身份；

（二）保护表演形象不受歪曲；

（三）许可他人从现场直播和公开传送其现场表演，并获得报酬；

（四）许可他人录音录像，并获得报酬；

（五）许可他人复制、发行、出租录有其表演的录音录像制品，并获得报酬；

（六）许可他人通过信息网络向公众传播其表演，并获得报酬。

被许可人以前款第三项至第六项规定的方式使用作品，还应当取得著作权人许可，并支付报酬。

第四十条 演员为完成本演出单位的演出任务进行的表演为职务表演，演员享有表明身份和保护表演形象不受歪曲的权利，其他权利归属由当事人约定。当事人没有约定或者约定不明确的，职务表演的权利由演出单位享有。

职务表演的权利由演员享有的，演出单位可以在其业务范围内免费使用该表演。

第四十一条 本法第三十九条第一款第一项、第二项规定的权利的保护期不受限制。

本法第三十九条第一款第三项至第六项规定的权利的保护期为五十年，截止于该表演发生后第五十年的 12 月 31 日。

第三节　录音录像

第四十二条　录音录像制作者使用他人作品制作录音录像制品，应当取得著作权人许可，并支付报酬。

录音制作者使用他人已经合法录制为录音制品的音乐作品制作录音制品，可以不经著作权人许可，但应当按照规定支付报酬；著作权人声明不许使用的不得使用。

第四十三条　录音录像制作者制作录音录像制品，应当同表演者订立合同，并支付报酬。

第四十四条　录音录像制作者对其制作的录音录像制品，享有许可他人复制、发行、出租、通过信息网络向公众传播并获得报酬的权利；权利的保护期为五十年，截止于该制品首次制作完成后第五十年的 12 月 31 日。

被许可人复制、发行、通过信息网络向公众传播录音录像制品，应当同时取得著作权人、表演者许可，并支付报酬；被许可人出租录音录像制品，还应当取得表演者许可，并支付报酬。

第四十五条　将录音制品用于有线或者无线公开传播，或者通过传送声音的技术设备向公众公开播送的，应当向录音制作者支付报酬。

第四节　广播电台、电视台播放

第四十六条　广播电台、电视台播放他人未发表的作品，应当取得著作权人许可，并支付报酬。

广播电台、电视台播放他人已发表的作品，可以不经著作权人许可，但应当按照规定支付报酬。

第四十七条 广播电台、电视台有权禁止未经其许可的下列行为：

（一）将其播放的广播、电视以有线或者无线方式转播；

（二）将其播放的广播、电视录制以及复制；

（三）将其播放的广播、电视通过信息网络向公众传播。

广播电台、电视台行使前款规定的权利，不得影响、限制或者侵害他人行使著作权或者与著作权有关的权利。

本条第一款规定的权利的保护期为五十年，截止于该广播、电视首次播放后第五十年的 12 月 31 日。

第四十八条 电视台播放他人的视听作品、录像制品，应当取得视听作品著作权人或者录像制作者许可，并支付报酬；播放他人的录像制品，还应当取得著作权人许可，并支付报酬。

第五章　著作权和与著作权有关的权利的保护

第四十九条 为保护著作权和与著作权有关的权利，权利人可以采取技术措施。

未经权利人许可，任何组织或者个人不得故意避开或者破坏技术措施，不得以避开或者破坏技术措施为目的制造、进口或者向公众提供有关装置或者部件，不得故意为他人避开或者破坏技术措施提供技术服务。但是，法律、行政法规规定可以避开的情形除外。

本法所称的技术措施，是指用于防止、限制未经权利人许可浏览、欣赏作品、表演、录音录像制品或者通过信息网络向公众提供作品、表演、录音录像制品的有效技术、装置或者部件。

第五十条 下列情形可以避开技术措施，但不得向他人提供避开技术措施的技术、装置或者部件，不得侵犯权利人依法享有的其他权利：

（一）为学校课堂教学或者科学研究，提供少量已经发表的作品，供教学或者科研人员使用，而该作品无法通过正常途径获取；

（二）不以营利为目的，以阅读障碍者能够感知的无障碍方式向其提供已经发表的作品，而该作品无法通过正常途径获取；

（三）国家机关依照行政、监察、司法程序执行公务；

（四）对计算机及其系统或者网络的安全性能进行测试；

（五）进行加密研究或者计算机软件反向工程研究。

前款规定适用于对与著作权有关的权利的限制。

第五十一条 未经权利人许可，不得进行下列行为：

（一）故意删除或者改变作品、版式设计、表演、录音录像制品或者广播、电视上的权利管理信息，但由于技术上的原因无法避免的除外；

（二）知道或者应当知道作品、版式设计、表演、录音录像制品或者广播、电视上的权利管理信息未经许可被删除或者改变，仍然向公众提供。

第五十二条 有下列侵权行为的，应当根据情况，承担停止侵害、消除影响、赔礼道歉、赔偿损失等民事责任：

（一）未经著作权人许可，发表其作品的；

（二）未经合作作者许可，将与他人合作创作的作品当作自己单独创作的作品发表的；

（三）没有参加创作，为谋取个人名利，在他人作品上署名的；

（四）歪曲、篡改他人作品的；

（五）剽窃他人作品的；

（六）未经著作权人许可，以展览、摄制视听作品的方法使用作品，或者以改编、翻译、注释等方式使用作品的，本法另有规定的除外；

（七）使用他人作品，应当支付报酬而未支付的；

（八）未经视听作品、计算机软件、录音录像制品的著作权人、表演者或者录音录像制作者许可，出租其作品或者录音录像制品的原件或者复制件的，本法另有规定的除外；

（九）未经出版者许可，使用其出版的图书、期刊的版式设计的；

（十）未经表演者许可，从现场直播或者公开传送其现场表演，或者录制其表演的；

（十一）其他侵犯著作权以及与著作权有关的权利的行为。

第五十三条 有下列侵权行为的，应当根据情况，承担本法第五十二条规定的民事责任；侵权行为同时损害公共利益的，由主管著作权的部门责令停止侵权行为，予以警告，没收违法所得，没收、无害化销毁处理侵权复制品以及主要用于制作侵权复制品的材料、工具、设备等，违法经营额五万元以上的，可以并处违法经营额一倍以上五倍以下的罚款；没有违法经营额、违法经营额难以计算或者不足五万元的，可以并处二十五万元以下的罚款；构成犯罪的，依法追究刑事责任：

（一）未经著作权人许可，复制、发行、表演、放映、广播、汇编、通过信息网络向公众传播其作品的，本法另有规定的除外；

（二）出版他人享有专有出版权的图书的；

（三）未经表演者许可，复制、发行录有其表演的录音录像制品，或者通过信息网络向公众传播其表演的，本法另有规定的除外；

（四）未经录音录像制作者许可，复制、发行、通过信息网络向公众传播其制作的录音录像制品的，本法另有规定的除外；

（五）未经许可，播放、复制或者通过信息网络向公众传播广播、电视的，本法另有规定的除外；

（六）未经著作权人或者与著作权有关的权利人许可，故意避开或者破坏技术措施的，故意制造、进口或者向他人提供主要用于避开、破坏技术措施的装置或者部件的，或者故意为他人避开或者破坏技术措施提供技术服务的，法律、行政法规另有规定的除外；

（七）未经著作权人或者与著作权有关的权利人许可，故意删除或者改变作品、版式设计、表演、录音录像制品或者广播、电视上的权利管理信息的，知道或者应当知道作品、版式设计、表演、录音录像制品或者广播、电视上的权利管理信息未经许可被删除或者改变，仍然向公众提供的，法律、行政法规另有规定的除外；

（八）制作、出售假冒他人署名的作品的。

第五十四条 侵犯著作权或者与著作权有关的权利的，侵权人应当按照权利人因此受到的实际损失或者侵权人的违法所得给予赔偿；权利人的实际损失或者侵权人的违法所得难以计算的，可以参照该权利使用费给予赔偿。对故意侵犯著作权或者与著作权有关的权利，情节严重的，可以在按照上述方法确定数额的一倍以上五倍以下给予赔偿。

权利人的实际损失、侵权人的违法所得、权利使用费难以计算的，由人民法院根据侵权行为的情节，判决给予五百元以上五百万元以下的赔偿。

赔偿数额还应当包括权利人为制止侵权行为所支付的合理开支。

人民法院为确定赔偿数额，在权利人已经尽了必要举证责任，而与侵权行为相关的账簿、资料等主要由侵权人掌握的，可以责令侵权人提供与侵权行为相关的账簿、资料等；侵权人不提供，或者提供虚假的账簿、资料等的，人民法院可以参考权利人的主张和提供的证据确定赔偿数额。

人民法院审理著作权纠纷案件，应权利人请求，对侵权复制品，除特殊情况外，责令销毁；对主要用于制造侵权复制品的材料、工具、设备等，责令销毁，且不予补偿；或者在特殊情况下，责令禁止前述材料、工具、设备等进入商业渠道，且不予补偿。

第五十五条 主管著作权的部门对涉嫌侵犯著作权和与著作权有关的权利的行为进行查处时，可以询问有关当事人，调查与涉嫌违法行为有关的情况；对当事人涉嫌违法行为的场所和物品实施现场检查；查阅、复制与涉嫌违法行为有关的合同、发票、账簿以及其他有关资料；对于涉嫌违法行为的场所和物品，可以查封或者扣押。

主管著作权的部门依法行使前款规定的职权时，当事人应当予以协助、配合，不得拒绝、阻挠。

第五十六条 著作权人或者与著作权有关的权利人有证据证明他人正在实施或者即将实施侵犯其权利、妨碍其实现权利的行为，如不及时制止将会使其合法权益受到难以弥补的损害的，可以在起诉前依法向人民法院申请采取财产保全、责令作出一定行为或者禁止作出一定行为等措施。

第五十七条 为制止侵权行为，在证据可能灭失或者以后难以取得的情况下，著作权人或者与著作权有关的权利人可以在起诉前依法向人民法院申请保全证据。

第五十八条 人民法院审理案件，对于侵犯著作权或者与著作权有关的权利的，可以没收违法所得、侵权复制品以及进行违法活动的财物。

第五十九条 复制品的出版者、制作者不能证明其出版、制作有合法授权的，复制品的发行者或者视听作品、计算机软件、录音录像制品的复制品的出租者不能证明其发行、出租的复制品有合法来源的，应当承担法律责任。

在诉讼程序中，被诉侵权人主张其不承担侵权责任的，应当提供证据证明已经取得权利人的许可，或者具有本法规定的不经权利人许可而可以使用的情形。

第六十条 著作权纠纷可以调解，也可以根据当事人达成的书面仲裁协议或者著作权合同中的仲裁条款，向仲裁机构申请仲裁。

当事人没有书面仲裁协议，也没有在著作权合同中订立仲裁条款的，可以直接向人民法院起诉。

第六十一条 当事人因不履行合同义务或者履行合同义务不符合约定而承担民事责任，以及当事人行使诉讼权利、申请保全等，适用有关法律的规定。

第六章　附　　则

第六十二条　本法所称的著作权即版权。

第六十三条　本法第二条所称的出版，指作品的复制、发行。

第六十四条　计算机软件、信息网络传播权的保护办法由国务院另行规定。

第六十五条　摄影作品，其发表权、本法第十条第一款第五项至第十七项规定的权利的保护期在2021年6月1日前已经届满，但依据本法第二十三条第一款的规定仍在保护期内的，不再保护。

第六十六条　本法规定的著作权人和出版者、表演者、录音录像制作者、广播电台、电视台的权利，在本法施行之日尚未超过本法规定的保护期的，依照本法予以保护。

本法施行前发生的侵权或者违约行为，依照侵权或者违约行为发生时的有关规定处理。

第六十七条　本法自1991年6月1日起施行。

附录二

作品登记申请表

作品信息	作品名称							
	作品类别	○文字 ○口述 ○音乐 ○戏剧 ○曲艺 ○舞蹈 ○杂技艺术 ○美术 ○建筑 ○摄影 ○电影和类似摄制电影方法创作的作品 ○图形 ○模型 ○其他 说明：						
著作权人	姓名或名称	类别	证件类型	证件号码	国籍	省份	城市	署名情况
作品基本信息	作者姓名或名称				作品署名			
	作者姓名或名称				作品署名			
	作者姓名或名称				作品署名			
	作品创作性质	○原创 ○改编 ○翻译 ○汇编 ○注释 ○整理 ○其他 说明：						
	创作/制作完成日期				创作/制作完成地点			
	发表状态	○已发表 ○未发表 首次发表日期： 发表地点国家： 城市：						
权利状况说明	权利取得方式	○原始 ○继承 ○承受 ○其他 说明：						
	权利归属方式及其说明	○个人作品 ○合作作品 ○法人作品 ○职务作品 ○委托作品 说明：						
	权利拥有状况及其说明	○全部 ○部分 ○发表权 ○署名权 ○修改权 ○保护作品完整权 ○复制权 ○发行权 ○出租权 ○展览权 ○表演权 ○放映权 ○广播权 ○信息网络传播权 ○摄制权 ○改编权 ○翻译权 ○汇编权 ○其他 说明：						

附录二　作品登记申请表

续表

存留样本	电子介质	共 _____ 件	
	纸介质	共 _____ 张	
申请人信息	申请方式	○由著作权人申请　○由代理人申请		
	姓名或名称		电话	
	详细地址		邮编	
	联系人		手机	
	E-mail		传真	
代理人信息	申请人委托下述代理人办理登记事宜，具体委托事项如下：			
	姓名或名称		电话	
	详细地址		邮编	
	联系人		手机	
	E-mail		传真	

申请人认真阅读了填表说明，准确理解了所需填写的内容，保证所填写的内容真实。

申请人签章：

年　　月　　日

参考文献

1. 王迁．著作权法学［M］．北京：北京大学出版社，2007．
2. 王迁．知识产权法教程［M］．北京：中国人民大学出版社，2011．
3. 韦之．著作权法原理［M］．北京：北京大学出版社，1998．
4. 冯晓青．著作权法［M］．北京：法律出版社，2010．
5. 曲三强．现代著作权法［M］．北京：北京大学出版社，2011．
6. 刘春田．知识产权法［M］．2版．北京：中国人民大学出版社，2002．
7. 汤宗舜．著作权法原理［M］．北京：知识产权出版社，2005．
8. 李明德，许超．著作权法［M］．北京：法律出版社，2009．
9. 吴汉东．知识产权法［M］．3版．北京：法律出版社，2022．
10. 沈仁干，钟颖科．著作权法概论［M］．北京：商务印书馆，2003．
11. 张今．著作权法［M］．2版．北京：北京大学出版社，2018．
12. 张玉敏．知识产权法［M］．北京：法律出版社，2005．
13. 郑成思．知识产权法［M］．2版．北京：法律出版社，2004．
14. 河山，肖水．著作权法概要［M］．北京：人民出版社，1991．
15. 袁博．著作权法解读与应用［M］．北京：知识产权出版社，2018．
16. 曹阳．中国著作权制度的规范解读与原理阐释［M］．北京：法律出版社，2019．
17. 崔国斌．著作权法：原理与案例［M］．北京：北京大学出版社，2014．
18. 韩松．知识产权法［M］．北京：中国人民大学出版社，2003．